掌尚文化

SALUTE & DISCOVERY

致敬与发现

聊城大学学术著作出版基金资助

- 行业发展赋能系列丛书 -

梁树广 / 著

中国发电行业规制
效果评价与发展研究

Research on Evaluation on
Regulation Effect and
Development of
China's Power Generation Industry

经济管理出版社
ECONOMY & MANAGEMENT PUBLISHING HOUSE

图书在版编目（CIP）数据

中国发电行业规制效果评价与发展研究/梁树广著 . —北京：经济管理出版社，2020. 11
ISBN 978 - 7 - 5096 - 7618 - 9

Ⅰ. ①中…　Ⅱ. ①梁…　Ⅲ. ①电力工业—工业发展—研究—中国　Ⅳ. ①F426. 61

中国版本图书馆 CIP 数据核字（2020）第 235905 号

组稿编辑：张　昕
责任编辑：张　昕
责任印制：黄章平
责任校对：陈　颖

出版发行：经济管理出版社
　　　　　（北京市海淀区北蜂窝 8 号中雅大厦 A 座 11 层　100038）
网　　　址：www. E-mp. com. cn
电　　话：（010）51915602
印　　刷：唐山昊达印刷有限公司
经　　销：新华书店
开　　本：720mm×1000mm 1/16
印　　张：12. 5
字　　数：217 千字
版　　次：2020 年 11 月第 1 版　2020 年 11 月第 1 次印刷
书　　号：ISBN 978 - 7 - 5096 - 7618 - 9
定　　价：88. 00 元

前　言

自 2012 年博士毕业后，虽然仍一直在关注发电行业的发展，但很少再撰写相关文章，主要原因在于自我感觉这个行业的问题基本被研究得差不多了。八年过去了，再搜索有关电力行业的相关文献，发现有待研究的问题其实还很多，只是自己未坚持下去，这也是当前一直没有出什么好成果的原因。目前的研究只是实现了平衡发展，而研究方向不集中、不充分、不深入。回头看看一些优秀的专家学者一般都是在一个方向甘坐"冷板凳"十几年，慢慢积累才成为一个领域的专家。有时我们研究某一个理论或者一个行业，三五年才会有点感悟，七八年才会有自己的感受和观点。所以，笔者在 2018 年时着手修改完善自己的博士论文，再次深入研究发电行业，并整理成书，这也是出版本书的原因。

本书在笔者博士论文的基础上进行了大量修改，主要在以下五个方面：一是数据方面，原有数据是到 2010 年，此次完善将数据更新到了 2017 年、2018 年，由于书中涉及数据较多，更新甚是辛苦。二是观点方面，由于电力行业在不断进行改革，原有的一些观点或者数据改变后的一些结果发生改变，因此原有某些观点发生了改变，但是本书保留了笔者博士论文所构建规制效果评价分析框架。三是结构方面，本书扩展了规制效果评价的理论基础部分，增加了可再生能源发电行业规制和输配售电行业规制有关章节。四是参考文献方面，由于近期出现了不少新的电力行业研究文献，为此笔者添加了不少新的参考文献。五是附录方面，为了让读者对中国发电行业相关数据有所了解，也将本书中涉及的大部分数据放到了附录，希望能够为大家提供参考资料。

经过完善，本书得到如下研究结论，同时也构成了本书的创新点：

第一，本书通过分析发电行业及其规制体制现状发现，中国发电行业的发电量、装机容量近十年来上升较快，基本实现了供需均衡。中国电源结构还是以火力发电为主，占 70% 左右。发电煤耗呈下降趋势，电价呈波动上升趋势。发电行业规制体制改革动因主要是自然垄断含义认识的变化、电力技术的进步、电力需求的增加、筹集建设资金、消除垄断、引入竞争等因素。中国发电行业规制机制正处于职能转移阶段；规制制度主要有进入规制制度、价格规制制度、法律法规规制制度、环境规制制度，这些规制制度具有以下特征：形式上放松了进入规制，实则较严；价格规制严格且不公平、低效；投资规制严格；规制权力较分散；以经济性规制为主，忽略社会规制和激励性规制。

第二，本书对发电行业规制效果评价指标体系的构建更加全面，不仅包括传统的总量、价格、利润、效率四个经济性规制指标，而且囊括了环境规制指标，这使对发电行业规制效果的评价更加全面，更加科学合理。其中，效率测算不再采取传统静态或者简单的道格拉斯生产函数方法，而是采用目前较先进的数据包络分析方法和随机前沿分析方法。测算结果表明：在行业层面，发电行业规制在发电量、效率方面规制效果良好，在价格、利润和环境方面效果还不明显，而在企业层面，"厂网分开"规制改革对发电行业上市公司利润影响为正，对效率影响为负。

第三，本书测算了中华人民共和国成立以来我国发电行业的市场集中度，并判断了各个阶段发电行业的市场结构，分析结果表明：中国发电行业的规制改革竞争效果良好，全国发电市场已经由原来独家垄断型市场结构逐渐转变为中下寡占型市场结构。区域型发电市场已经呈竞争型市场结构，但是市场集中度呈现上升趋势。

本书利用计量经济学、运筹学、统计学方法，从多个层面、多个阶段定量研究规制效果，以期更加科学和合理地测算和判断规制效果。希望本书对发电行业规制效果的研究不仅能够给中国政府分析发电行业规制政策的效果提供一种重要的分析工具，还能为中国发电行业规制效果评价更加全面、具体，为全面评价中国发电行业规制效果提供一定的实证依据，并为其他自然垄断产业规制效果评价提供一种新观念和新方法，有利于提高规制效率，提高政府规制质量。

本书修改前前后后经历了近两年，期间又逢新冠肺炎疫情，笔者在此期间将文稿进一步整理成书，书中还有一些地方有待进一步完善，敬请读者批评指正。

目　录

第一章
绪 论

发电行业是国家的重要基础产业，是关系到国计民生的公用事业，承担着重要的社会责任。改革开放以来，中国发电行业得到迅速发展。根据《2018 年全国电力工业统计快报》，截至 2018 年底，全国发电装机容量达到 189967 万千瓦，是 1978 年的 33.25 倍，年均增长 9.15%；全国全口径发电量达到 69940 亿千瓦时，是 1978 年的 27.25 倍，年均增长 8.61%。中国发电行业能够得到如此快的发展，与中国发电行业进行规制改革有很大关系。随着电力行业体制改革的进行，中国发电行业的改革经历了国家垄断经营、集资办电、政企分开、公司化改组、厂网分开、市场化发展六个发展阶段[①]。发电行业的规制模式也随着中国电力体制改革的演进不断变化，进入规制由原来严格到放松，价格规制由原来计划经济指导价到现在竞价上网，规制机构由原来的多家慢慢转变为一家，法律、法规、规制也越来越健全。作为电力行业的源头，政府对发电行业管理的好坏，对电力行业的后续环节有重要影响。因此，对当前发电行业规制改革效果的验证对于下一步改革的方向具有极其重要的指导意义。近年来，中国进行的电力产业规制改革，大部分是在发电行业，因此，从发电行业的角度研究中国电力产业规制改革效果不仅更具有针对性，也更符合中国电力产业规制改革的实际情况，这是本书选择中国发电行业规制效果研究的一个主要原因。

本章首先介绍了本书的研究背景、意义；其次综述了国内外关于规制、电力

---

① 此处参考刘喜梅《中国电力体制改革经历了哪四个阶段?》，该文认为电力体制改革进程分为四个阶段：第一阶段（1978～1985 年）为集资办电阶段；第二阶段（1987～2002 年）的特征为以省为实体，实施政企分开，成立国家电力公司，撤销电力部；第三阶段（2003～2012 年）的特征是成立电监会，实施"厂网分开"，实行竞价上网，进入输配、配售分离改革；第四阶段（2013 年至今），电力体制改革进入新常态，市场化步伐加快。

行业以及企业规制效果的研究动态，并做了简单评述；最后介绍了本书的结构安排、研究内容和方法。

第一节 研究背景

一、对发电行业自然垄断性质认识的变化

随着对自然垄断含义①认识的深入，自然垄断的概念从一开始的用规模经济来定义发展到现在以规模经济、范围经济和成本弱增性来界定，这个变化过程实际反映了对自然垄断边界认识的变化。以规模经济定义的传统自然垄断概念缩小了自然垄断的边界，而引入范围经济和成本弱增性后，自然垄断边界扩大。

现在一般认为，自然垄断是指在一定时间和地域范围内，在一定的技术、需求和制度等条件下，规模经济或者范围经济导致的只能有一家企业生存下来的状态。从定义中可以看出，自然垄断有一定的条件，这些条件发生变化，自然垄断就可能不存在，这也就使它被赋予了动态性。因此，自然垄断行业不是固定不变的，而是随着时间、技术、需求和制度的变化而变化的。自然垄断产业和政府规制历来是相联系的，自然垄断行业的"自然性"（规模经济、范围经济、网络经济、成本弱增性）导致了要对其进行规制，而规制目的主要是提高资源配置效率和避免重复建设，即达到公平和效率目标。垄断形成后会阻碍市场竞争机制发挥作用，使市场难以达到资源的帕累托最优配置。这时，政府规制政策的形成和实施相对容易。一旦确定某一个产业为自然垄断产业，政府只需要确定其社会最优价格并且要求垄断企业在此价格上满足市场需求即可。

然而，随着一些行业技术的进步、供给和需求的变化，该行业的自然垄断边界也在发生变化，这也导致了政府规制边界的调整与变革。例如，随着电力技术

---

① 对于自然垄断的定义是一个动态变化的过程，由一开始规模经济定义到后来发展到范围经济和成本弱增性定义。20 世纪 80 年代之前，经济学上普遍用"规模经济"定义自然垄断。我们将规模经济存在基础之上的自然垄断理论称为传统自然垄断理论。随着对自然垄断问题研究的深入，经济学家，如 Kahn、Baumol、Sharkey、Penzar 等开始对其基本结论予以澄清和扩展。根据规模经济来定义主要是依据不断下降的平均成本函数，而根据范围经济来定义是依据以一个企业生产多种产品或多个企业分别生产一种产品的相对总成本。根据自然垄断的定义相应确定了自然垄断行业，即那些规模经济或者范围经济效应十分明显的行业，但这仅仅是从静态和给定行业成本和需求的情况下得出的，并不被经济事实所支持。因为规模经济是在一定的时空、技术、需求条件下的规模经济，如果这些条件发生变化，那么规模经济或范围经济将会发生变化，必将导致自然垄断行业性质发生变化。

的进步（尤其是燃气联合循环发电技术的发展），电力生产的最佳规模降低了，由 50 万~60 万千瓦降低到 15 万~30 万千瓦。技术进步也使电力输送具有可控性，促进了电流应用多功能性。随着电力技术的发展，大大降低了发电行业的前期投入成本，从而使原先规模经济点发生转移，进而导致其自然垄断特性发生变化。同时，随着我国经济的快速增长和居民收入水平的提高，对电力的需求迅速增加，导致了电力市场规模的扩大，这意味着电力市场可以容纳更多的企业，从而改变了自然垄断的边界。因此，随着科技进步与市场容量的增大，许多现实因素也促使电力产业推进改革。

随着对自然垄断含义认识的加深，经济发展的需要，打破垄断、促进竞争改革的需要以及发电行业技术、需求的迅速发展，发电行业的自然垄断性质及对其的认识也慢慢转变，由原来的电力行业的发、输、配、售电四个阶段都为自然垄断行业，逐渐转变成认为发电行业不属于完全的自然垄断行业，而可以成为竞争性行业。因此，各国都踏上了对发电行业规制改革、市场化和私有化改革之路，随之国家对发电行业的规制体制也发生了变化。

二、发电行业规制模式的变化

电力行业具有固定成本较大、规模经济显著、资产专用性较强、电能难以储存和网络外部性较强等方面的技术和经济特征。20 世纪 80 年代以前，各国政府大都倾向于通过垂直垄断经营模式来实施规制，实行发电、输电、配电和售电垂直一体化的垄断经营体制。垂直垄断经营模式在电力行业发展初期起到一定的作用，但是随着电力技术的发展、电力需求的增加以及垂直垄断经营模式弊端的显现，20 世纪 80 年代后，世界各国开始对电力行业进行规制改革，其中主要是放松电力行业规制和引入竞争。由于电力行业规制模式的变革，发电行业也处在规制改革的"十字路口"，加强规制和放松规制成为讨论的博弈点，削弱垄断力量和促进竞争成为发电行业规制改革的焦点。很多国家对发电行业进行了市场化改革，减少政府对发电行业的直接干预，并在价格规制上采取了激励性规制措施。发电行业逐渐形成了自己独立的规制体系。

三、中国发电行业规制体制的五次变革

中华人民共和国成立以来，中国发电行业规制体制经历了多次变革，大致可以分为如下五个阶段：第一阶段是计划经济体制时期（1949~1985 年），这期间电力行业是典型的自然垄断行业，而且以行政垄断为主，这一时期电力行业的规

制体制是计划经济下的垂直一体化的政府管理体制，国家对电力行业的投融资实行严格的进入规制。第二阶段是产业初步规制改革时期（1985～1997 年），这阶段开始放松了发电行业的进入规制，实行了"集资办厂，多家办电"政策，发电市场逐步放开，多元化投资政策，允许私营和外资投资于电力生产，因此各省和地方政府被允许获得更多的电力分配和当地电力发展的控制权。第三阶段是政企分开时期（1998～2002 年），重点进行政府行政管理与企业经营的分离，国家开始试行"厂网分开，竞价上网"。第四阶段是产业结构重组时期（2002～2014 年），在这一时期，发电行业开始放松规制，2002 年 12 月，国务院下发了《电力体制改革方案》（即电改"5 号文"），提出了"厂网分开、主辅分离、输配分开、竞价上网"的 16 字方针并规划了改革路径。根据该方案，厂网分开、主辅分离等一系列改革开始推进。根据"厂网分开"的方针，在发电侧引入竞争，成立了国家电力监管委员会。政府规制政策对发电行业的发展和发电企业的生产及经济效率有着至关重要的影响。第五阶段电力市场改革深化阶段（2015 年至今）。自党的十八大以来，我国政府不断深化改革，电力行业进行了多次体制改革，尤其是根据 2015 年发布的《中共中央国务院关于进一步深化电力体制改革的若干意见》，进一步深化电力体制改革，启动以"管住中间、放开两头"为指导思想，以"三放开、一独立、三强化"为重点的新一轮电力体制改革。本轮改革的主要任务是在"厂网分开"产业重组的基础上，探索电力市场竞争的实现方式，发挥价格机制的作用，以优化配置资源，解决制约电力行业科学发展的突出矛盾和深层次问题，促进电力行业又好又快发展，推动结构转型和产业升级。

四、电力产业规制政策效果的实证研究取得一定进展

随着中国经济的迅速发展、电力技术的进步和电力需求的扩大，政府加快了电力市场化的进程，电力产业规制改革也逐渐推进，对电力产业规制政策的认识以及效果验证引起学术界和政策层面的争论。其中，不同阶段的电力产业规制效果的检验已经成为正确评价电力产业规制效果的关键环节，也直接影响着政府电力产业规制改革的下一步选择。当前，国内的相关研究主要是对改革政策进行规范分析，实证分析的研究一直还很薄弱。对电力行业规制效果进行计量检验能够在统计意义上将规制的作用与其他改革措施的作用显著分离开来。最早利用计量经济模型考察电力规制效果的是 Stigler 和 Friedland（1962），他们通过对美国 47 个州 1912～1937 年电力数据的回归分析，发现规制对电价的平均水平没有影响，

规制并未达到预期的效果，但他们研究使用的单维的规制及绩效指标对规制效果和规制制度的解释能力有限。Fink 等（2002）、Gutierrez（2003）对电信规制效果的实证检验以及 Guasch 等（2002）、Pargal（2003）对拉丁美洲公用事业规制效果的实证检验，逐渐使有关规制效果的实证研究也开始丰富起来。Steiner（2001）、Cubbin 和 Stern（2004），Zhang 等（2005）对电力产业规制效果进行计量检验，这些检验的区别主要在于电力产业规制效果指标和规制指标选择不同，得出的计量结果也不同。近年来，国内学者也开始对电力产业规制效果进行实证研究，其中主要有唐要家（2004）、肖兴志（2005）、干春晖和吴一平（2006）、于良春（2006）、陈富良（2009）、王小芳（2009）、黄清（2009）、张各兴和夏大慰（2011）等。由于环境规制对于电力行业发展影响越来越大，国内外众多学者开始对电力行业的环境规制效果进行研究，国内外很多学者，如张各兴和夏大慰（2011）、朱承亮（2016）、王英姿和邹乐乐（2017），给出了以下节能减排的途径：调整电源结构、推广使用节能减排技术和优化产业结构。

五、发电行业面临新的挑战

在供给侧改革深入推进以及"去产能、去库存、去杠杆、降成本"的背景下，当前中国已进入转方式、调结构、换动力的关键时期，虽然中国电力行业取得了重大进展，但是电力行业仍面临着较为严峻的形势和挑战：一是政策多门、各地各异。各类试点在具体落实过程中，中央各部门之间、中央与地方之间、政府与市场主体之间、电力企业与社会之间协调难度大，规则不规范，市场准入标准各地各异。二是跨省区交易存在壁垒障碍。市场交易体系不健全、品种不完善、信息不对称，制约了清洁能源跨区交易与消纳规模，难以体现市场对资源配置的优势。三是电价体系有待完善。当前电力上游至电力各产业链乃至用户侧价格仍以计划调控为主导，缺乏合理的市场化疏导机制，导致发电企业尤其是煤电企业的合理利润空间被肆意挤压，输配电成本归集和电价交叉补贴没有科学的监审标准，电网和社会企业投资配电网积极性受挫，行业可持续发展能力减弱。四是支撑增量配电试点的相关政策规范和发展规划缺乏，相关法规不清晰，配电存量与增量的区域划分与建设发展困难重重，投资效益不确定，安全运营风险加大。五是传统能源发电与新能源发电有待进一步消化过剩产能，煤电企业经营困难及清洁能源消化问题依然突出，保障清洁发展能力较弱，存在核电建设停滞等问题。

国内外对电力产业规制效果的研究主要是验证经济规制的效果，很少考虑到环境规制效果，同时很多研究从电力产业的数据去验证，而忽略从企业角度考虑规制效果。中国发电行业规制政策会对中国发电行业的市场结构、发电行业、发电企业产生什么影响，以及各个阶段的规制政策效果如何，是否达到预定目标，这是我们比较关注的问题，也是本书研究的重点。本书从多个角度、多阶段去考虑发电行业规制效果指标和规制指标，从产业、企业和竞争层面检验发电行业的经济性和社会性规制效果。

第二节　研究意义

规制效果研究是对政府规制政策实现规制目标程度的研究，其目的是通过对现存规制政策或正准备实施的规制政策的效果进行评价，是一种政策实施后的事后的政策评价，能给政府未来设计、实施和改进政策提供帮助。本书从理论和实证两个方面，以及行业和企业两个层面对我国发电行业自 1985 年以来规制效果进行科学的评价和探讨，并从市场结构角度实证分析发电行业规制的竞争效果，这对于中国发电行业规制政策的继续推进具有一定的理论意义和现实意义。

本书研究的理论意义在于：第一，虽然国外对于发电行业规制效果评价的理论有一定的研究，但是由于中国的发电行业规制与国外有些不同，中国对发电行业规制效果理论的研究还较少，希望通过本书对发电行业规制效果理论的研究，能够给中国发电行业的规制效果评价提供一定的理论借鉴。第二，通过构建发电行业规制效果和规制指标体系，为中国政府分析发电行业规制政策的效果提供一种重要的分析工具，并为其他自然垄断产业规制效果分析提供一定的借鉴。

目前中国对于发电行业规制效果评价虽然有一定的实证研究，但是有些规制效果指标和规制指标选取不全面，需要重新进行系统评价。因此，本书研究的现实意义在于：第一，本书从发电行业总量、利润、价格、效率和环境五个方面检验发电行业的规制效果，其中前四个是经济规制效果评价标准，最后一个是环境规制效果评价标准。这样能够对中国发电行业规制效果做出更加全面、具体的评价，为全面评估中国发电行业规制效果提供一定的实证依据，并为发电行业规制改革提供一种新观念和新方法，从而提高规制效率，改进政府规制质量。第二，本书对中华人民共和国成立以来发电行业的市场结构变迁进行了实证研究，并考察了规制改革是否达到了改变发电行业的垄断市场结构，促进竞争的效果。第三，本书利用统计学、计量经济学、运筹学方法评价了中国发电行业的规制效果，以期给中国其他自然垄断产业规制效果评价模型的构建提供一定的借鉴。

第三节 国内外研究现状述评

一、规制理论研究综述

"规制"是由英文"Regulation"翻译过来的，意为以法律、规章、政策、制度来加以控制和制约。国内学者在这个词汇的使用上没有统一，有的用"规制"，有的用"管制""监管"。《新帕尔格雷夫经济学大辞典》中将"Regulation"译为管制，定义为"国家以经济管理的名义进行干预"，其反义词"Deregulation"译为放松管制。在汉语词汇中，"管制"一词容易使人联想起统治和命令的经济形式。因此，笔者认为"规制"更接近英文原来的词义，它所强调的是政府通过实施法律和规章来约束和规范经济主体的行为。

规制通常是指对市场失灵中垄断、外部性、信息不对称等问题的一种治理，其目的在于维持正常的市场竞争秩序，提高资源配置效率，保护消费者利益，提升全社会福利。由于市场失灵普遍存在于各个国家，国内外的学者很早就开始了对规制的研究。

1. 国外对规制含义界定的研究综述

对于规制的界定，不同的学者有不同的观点，如 Viscusi 等（2005）认为规制是政府以制裁手段，对个人或组织的自由决策的一种强制性限制。政府的主要资源是强制力，规制就是以限制经济主体的决策为目的而运用这种强制力。史普博（1999）认为，规制是行政机构制定并执行的直接干预市场机制或间接改变企业和消费者供需决策的一种规则或特殊行为。植草益（1992）认为，"政府为了解决不完全竞争，信息不对称，自然垄断，外部不经济和非价值性物品等市场失灵，而依据法律权限来制约经济主体活动的行为"，并将其划分为"直接规制"与"间接规制"两种类型。美国经济学家 Kahn（1988）认为，规制作为一种基本的制度安排，实质上是政府命令对竞争的明显取代，它维持良好的经济绩效和取得良好的社会效益。施蒂格勒（1971）认为，"作为一种法规，规制是为产业部门规制'需求'所设计和操作，以谋求自己的利益"，而规制的前提是国家所具有的强制权。著名经济学家 Samuelson（1948）则认为，规制是政府以命令的方法改变或控制企业的经营活动而颁布的规章或法律，来控制企业的价格、销售或生产决策。

2. 国内对规制含义界定的研究综述

国内学者关于规制理论的研究也取得了显著的成就。国内学者对规制的定义与国外学者的定义大同小异。余晖（2008）给出了一个较为容易理解的定义："规制是指政府的许多机构，以治理市场失灵为己任，以法律为依据，大量颁布法律、法规、规章、命令及裁决为手段对微观经济主体的不完全的市场交易行为进行直接的监控或干预。"王俊豪（2007）认为："政府规制是具有法律地位的、相对独立的政府规制机构，依照一定的法律对被规制者所采取的一系列行政管理与监督行为。"谢地（2003）认为："规制是市场经济条件下国家干预经济政策的重要组成部分，是政府为实现某种公共政策目标，对微观主体进行的规范与制约，主要通过规制部门对特定行业和微观经济主体的进入、退出、价格、投资、环境、安全、生命、健康等行为进行的监督与管理（监管）来实现。"

综合国内外学者的定义，从中可以看出规制的三要素、规制原因和目的。规制有三个要素：一是规制的执行主体一般是政府；二是规制的客体是企业、消费者等微观经济活动主体，其中主要是企业；三是规制的主要依据是各种法律法规。规制原因是微观经济活动中的市场失灵。规制目的是维护正常的市场经济秩序，提高资源配置效率，增进社会福利水平。因此可以说，规制是为了维持正常的市场秩序，政府依据一定的法律、法规对企业的市场经营活动的监管和规范（王俊豪，2007）。

二、电力产业规制效果研究综述

1. 国外电力产业规制效果研究综述

由于英美等发达国家在电力产业规制改革方面进行得较早，随着电力产业规制的发展，这也给电力产业规制效果的评价提供了实践基础。国外最早利用计量经济模型考察电力产业规制效果的是 Stigler 和 Friedland（1962）通过对美国 47 个州 1912~1937 年电力数据回归分析，发现美国电力产业规制对电价平均水平没有影响，得出受规制的产业并不比不受规制产业具有更高的效率和较低的价格的结论。但是，该研究的缺陷在于，缺乏经济性方面的分析，没有把庞大的规制成本纳入分析框架。Alessi（1974）从理论和实证上分析了美国电力产业中的政府所有制和规制的经济效应。植草益（1992）认为，在规制与竞争并存的状态下，放松规制后的效果与市场主体受政策影响的范围和程度、各种排他性歧视制度以及交叉补贴行为密切相关,并提出了政府放松规制后要给不同地位的企业创造平等竞争条件的重要性。以日本为例,在实行放松规制后,其规制效果成绩斐然,尤其是提高了电力产业效率,降低了电价,其实施发电侧和配售电测的充分竞争模式也已被许多国家的电力改革实践证明是有效的,目前已为英国、挪威、阿根廷、智利、澳大利亚、新西兰、意大利等国所采用。Delfino(2001)研究拉丁美洲电力市场化绩效的结果表明,市场化改革确实提高了劳动生产率、容量利用率和总体的社会福利,并降低了损耗。Steiner(2001)利用 1986～1996 年经济合作与发展组织(Organization for Economic Cooperation and Development,OECD)国家的面板数据和随机前沿分析方法检验电力产业规制效果,结果表明效果显著。Andrew 等(2001)利用 1996 年美国 78 家发电厂的投入产出数据实证分析了放松规制对发电市场的效率的影响,结果表明放松规制所带来的竞争确实提高了发电市场的效率,而且导致了发电厂的平均成本下降约 13%。Cubbin 和 Stern(2004)通过利用发展中国家面板数据检验发现,明确的规制法律和高质量体制的存在与供电部门的绩效呈显著的正相关。Zhang 等(2005)利用 36 个发展中国家的面板数据分析规制与私有化、竞争之间关系研究发现,私有化和规制不能单独发挥作用,只能共同发挥作用才能导致电力产业绩效的显著改善,而引入竞争机制是改进电力产业绩效的有效手段。因此,他们认为很多国家在没有实现充分竞争的条件下,就盲目地进行私有化的改革,往往达不到理想的效果。Matthew 等(2007)构建了一个社会成本收益分析框架,并利用该框架分析了新英格兰的电力批发市场结构的成本和收益,发现由于竞争可至少减少约 25% 的发电成本。从中可以看出,国外很多对电力产业规制效果的研究是通过计量经济学模型来验证电力行业放松规制和竞争模式的效果分析,主要从规制指标、竞争和私有化等方面计量检验对电力产业的影响。

2. 国内电力产业规制效果研究综述

国内对电力产业规制效果的研究起步较晚,近年来才逐渐出现了一些电力产业规制效果的实证研究成果,其中唐要家(2004)利用电力产业的价格水平、价格结构、利润、静态效率和动态效率这几个指标,衡量电力产业的规制效果,但是并没有分析规制改革变量是如何影响绩效变量。肖兴志(2005)利用 1996～2005 年电力产业成本利润率在全部工业产业中的排名指标,通过聚类分析法实证考察了中国电价规制在限制垄断力量方面的效果,结果表明中国电价规制政策基本上是有效的。干春晖、吴一平(2006)利用 1979～2002 年中国电力产业数据，计量检验了规制分权化的效率，结果表明规制分权化效率较低，有可能是合谋导致了规制的低效率。楼旭明等（2006）基于 1991~2001 年电力数据，利用数据包络分析方法（Data Evelopment Analysis，DEA）从垂直一体化视角评价了电力改革对电力相对效率的影响，认为电力产业相对规模和技术有效性并没有发生明显的变化。肖兴志、孙阳（2006）主要从电力厂产业总量、价格、回报率、质量和效率指标上衡量规制绩效，规制变量从明确法律框架的确立、独立规制机构的建立和规制对象的日益成熟角度衡量，基本已经较全面地衡量了规制改革绩效，但是其在规制改革绩效指标的选取中没有选择环境指标，效率也只是静态效率。于良春等（2006）基于中国电力产业企业层面和行业层面的数据，检验了"厂网分开"规制改革的绩效，并进一步分析了影响绩效变化的因素。但是，他们只是简单选择了以"厂网分开"的时间点的虚拟变量作为规制改革变量，有其欠妥之处。石良平、刘小倩（2007）与唐要家的研究有类似之处，也只是简单衡量了上述指标。谭忠富等（2008）运用产业组织分析方法，在 SCP（Structure-Conduct-Performance）框架下分析了电力行业改革的绩效。白让让（2006）利用芝加哥经济学派（Chicago School of Economics）利益集团理论的基本假设，对中国电力产业内部人势力的形成、强化及其行为对市场交易的扭曲进行了详尽的分析，从而为当前电力产业规制困境的产生提出了一个基于制度偏好和企业行为的可能。结果表明，在缺乏有效规制的背景下，对自然垄断产业实施等同于一般产业的"放权让利"式改革，为利益集团的成长提供了制度条件和资金支持。由于规制权力分散在诸多的"条块"之间，"厂网分开"后也没有建立权威性的专业机构，不同利益取向的参与者之间的博弈使电力产业的规制放松陷入困境。陈富良等（2009）对各个时期电力行业政策的绩效进行了分析，但是这是一种规范性研究，缺少实证研究。白让让等（2009）从电力产业内部纵向一体化拆分视角分析了规制对电力产业的影响，但只进行了规范性分析，没有从实证上去验证结论，影响了分析的完整性。黄清（2009）根据 2002~2005 年全国范围内 309 家发电厂的数据，利用双重差分模型检验了放松规制政策的效果，结果表明，发电侧放松规制政策未能显著提高中国电力行业发电厂的资源配置效率和生产效率，放松规制政策的不完全性导致发电侧电力市场的竞争发生扭曲。张各兴、夏大慰（2011）研究所有权、环境规制对中国发电行业效率的影响，认为所有权结构对于发电行业技术效率存在显著影响，环境规制与发电行业技术效率呈现"U"型关系。

三、电力企业规制效果研究综述

国内外学者不仅从宏观电力产业规制体制和电力产业层面研究电力产业的规制效果，有些学者也从电力企业层面研究电力产业的规制效果。

1. 国外电力企业规制效果研究综述

Laffont 和 Tirole（1993）认为，在传统的规制研究中，被规制企业均被当作一个"黑箱"进行处理。21 世纪以来，随着规制效果实证研究的发展，人们越来越认识到监管者或规制者与企业所处的制度环境会系统地影响企业的行为模式和绩效。这一发现对传统的规制研究提出了新的挑战，即规制会影响被规制企业的绩效，同时规制者和被规制企业所处的制度环境也会影响绩效。从以往对规制影响企业绩效的国内外研究看，学者们主要从两方面进行了探索：一是规制对发电企业治理结构的影响，主要是对公司治理结构中的股权结构、董事会特征、企业高管的激励水平影响的考察；二是规制对发电企业绩效的影响，主要是从利润和效率角度考察。在规制改革对发电企业绩效的研究方面，Vaninsky（2006）把营业费用和能源耗费作为投入，净资产利用率作为产出，利用 DEA 方法估计了美国 1991～2004 年电力行业的技术效率，结果显示 1994～2000 年阶段效率比较稳定，为 99%～100%，而在 2000 年后急剧下降，在 94%～95%。此外，Sarica 和 Or（2007）、Estachea 等（2008）、Barros（2008）分别对土耳其、南非和葡萄牙的发电厂效率进行了评估。

2. 国内电力企业规制效果研究综述

国内对电力企业规制效果研究较少，很多都是从电力上市公司的角度进行研究。国内学者对电力企业的规制效果主要从以下几个方面进行研究：一是规制及其规制改革对电力企业的公司治理结构的影响。例如，黄继忠、陈素琼（2008）验证了中国电力行业上市公司治理结构与公司绩效之间关系。二是规制及其规制改革对电力企业的效率的影响。例如，滕飞（2003）、吴育华和王金祥（2004）等使用 DEA 方法测评了中国电力企业技术效率。此后，使用 DEA 方法测量电力企业效率的文献不断涌现。例如，胡震云（2005）、连升（2006）、楼旭明等（2006）、田为厚（2007）、陶锋（2008）等、白雪洁和宋营（2009）、梁树广（2011）等利用各种 DEA 方法测算了电力企业效率。有的学者更进一步，在运用 DEA 方法对电力公司的技术效率进行了测度的基础上，分析了具体的影响因素，并提出了相应的改进措施。还有一些学者利用随机前沿分析方法（Stochastic Frontier Approach，SFA）

测算了电力企业的技术效率，如刘新梅（2007）、王家庭和赵晶晶（2008）、李眺（2009）等、张各兴、夏大慰（2011）利用随机前沿分析技术对中国电力企业的技术效率开展了研究，并且测算了公司治理结构以及电价规制改革对技术效率的影响。李世新、于左（2010）通过对中国发电市场寡头垄断企业进行效率分析，证实了大型发电企业确实存在规模不经济、规模效率降低的情况。

四、简要述评

综合上述规制效果的研究，可以发现现有研究存在以下不足：一是规制效果指标不全面。现有规制效果指标很多是从单一绩效指标（如发电量、利润、效率和电价等）来验证规制效果，但是政府规制发电行业目标有很多，这样的规制实证研究难以达到全面准确衡量发电行业规制的效果。例如，国内外研究都意识到普遍服务、环境保护也是发电行业规制目标的两个重要方面，但很多学者都未对其进行有效检验。这有可能是因为他们感觉这两个方面对于发电行业规制效果来说是不重要的，也有可能是因为没有找到科学的技术手段。二是规制指标不够科学和系统。要对规制效果定量研究，一个很重要的内容就是如何把定性的规制制度指标转化为定量指标，这是计量检验的重点和难点。国内现有的很多实证研究只是从规制体系的某一方面研究对规制效果的影响，尚未涉及整个规制制度对发电行业绩效的影响这一层面。三是规制效果研究不够全面。国内现有研究很多只是从产业层面研究规制对规制绩效的影响，很少从企业层面查看规制效果，但实际上，发电行业规制政策最终效果是要反映到电力企业上，从行业和企业两个层面去验证发电行业规制效果更加全面并且能够准确反映发电行业规制效果。四是未分阶段详细对比各个阶段规制政策的效果，只有比较各个阶段发电行业规制政策效果，才能为下一步的政策制定和实施提供一定的借鉴。解决以上这些问题对于中国发电行业规制改革深入进行具有重要的理论和实践意义。

第四节　研究框架

本书试图利用计量经济学和统计学的方法定量分析发电行业的规制效果，其中主要从企业和行业层面验证经济性规制效果和社会性规制效果。在经济性规制效果方面，主要考虑利润、价格、效率、发电量；在社会性规制方面，主要考虑环境，并通过发电行业的市场结构变迁看规制改革的竞争效果。本书试图完善发电行业规制效果评价理论，为政府部门合理调控中国发电行业的持续发展提供有力的科学依据。

　　图1-1给出了本书的研究框架，从图中可以看出：本书第一、第二、第三章主要是对规制效果的研究现状、发电行业发展和规制体制现状进行描述和评述，为后续研究奠定理论和基础。第四、第五、第六章围绕行业层面规制效果、企业层面规制效果和规制改革的竞争效果展开。第七、第八章对中国发电行业相关的可再生能源发电行业和输配售电行业规制与发展进行分析。第九章对各种效果进行比较研究，得出相关结论，在此基础上对如何促进中国发电行业持续发展和完善中国发电行业规制政策，提出相关政策建议。

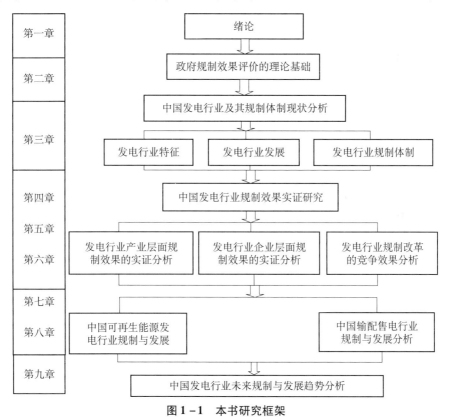

图1-1　本书研究框架

第五节　研究内容

　　本书的研究思路如下：首先，回顾国内外有关电力产业规制效果的研究现状，并阐述规制效果评价的相关理论；其次，描述中国发电行业的发展历程和中国发电行业规制体制及其改革的动因；再次，在对发电行业和规制体制现状了解的基础上，根据规制效果评价理论，构建中国发电行业规制效果评价标准和规制指标体系；又次，建立计量经济模型，从发电行业和企业两个层面检验中国发电行业规制效果，并从市场结构变迁的角度验证发电行业的规制的竞争效果；从次，分析中国可再生能源发电行业规制效果以及与发电行业密切相关输配售电行业的规制效果；最后，得出相关结论和政策建议。具体内容共有以下九部分：

第一章是绪论。主要介绍本书的研究背景以及研究意义，综述国内外有关电力行业规制效果的研究现状，并进行梳理和评价，最后介绍文章的研究结构和研究方法。

第二章是政府规制效果评价的理论基础。主要是对规制效果评价的内涵、对象、内容以及规制效果评价相关理论进行阐述和评价。

第三章是中国发电行业及其规制体制现状分析。实证性地分析了中国发电行业的发展历程、现状和规制体制。其中，关于发电行业现状主要介绍了发电量、装机容量、电源结构、价格等情况，关于规制体制主要介绍发电行业的规制机构、规制对象、规制制度及其特征和规制改革动因。

第四章是基于行业层面中国发电产业规制效果的实证分析。根据规制经济学理论和规制效果评价理论，结合中国发电行业的实际构建其规制效果评价标准和规制指标体系，利用时间序列方法实证分析发电行业的行业层面的规制效果。

第五章是基于企业层面中国发电企业规制效果的实证分析。利用面板数据和随机前沿分析方法，从发电企业的利润和效率方面计量规制效果。

第六章是发电行业规制改革的竞争效果分析。主要是从市场集中度的角度验证发电行业的市场结构，从而观察发电行业规制改革的竞争效果。

第七章是中国可再生能源发电行业的规制效果分析。主要是从总量、价格、进入和环境方面对可再生能源发电行业的规制进行实证分析，并提出相关对策。

第八章分析对发电行业影响比较大的中国输配售电行业规制状况、存在问题并提出发展建议。

第九章是中国发电行业未来规制和发展趋势。根据计量经济模型的相关结果，得出发电行业规制效果的相关结论，并阐述本书研究不足和对未来研究的展望。主要从发电行业电源结构、电价、需求侧新、电网侧以及发电企业经营模式几个方面分析中国发电行业未来发展趋势。

第六节　研究方法

1. 文献分析方法

文献分析方法是本书采用的主要研究方法之一，主要用于相关文献的综述、指标体系的构建和模型的建立。本书通过检索电力产业规制、规制效果的评价以及规制经济学相关国内外文献，把握当前电力产业规制效果评价的理论和学术前沿，为本书的分析和模型的构建提供理论基础和经验。

2. 统计分析方法

统计分析方法是以概率论为基础，以随机现象为研究对象，运用数学模型，根据样本观察数据以推断总体的科学分析方法。由于本书分析发电行业规制效果，需要进行大量的定量分析，而统计分析方法是解释相关现象，发现和寻找规律性，推断发展趋势的方法。通过对发电行业的相关原始数据的分析，能够确保发电行业规制效果结论的真实性和有效性，也为后面建立计量经济模型奠定基础。

3. 计量经济方法

计量经济方法是建立在一定的经济理论基础上，通过数学模型，分析各种现象之间关联性及其内部规律的一种研究方法。由于发电行业规制效果评价问题是一个非常复杂的问题，涉及较多的变量，而计量经济方法对于分析变量之间的关系具有很大的帮助。本书运用计量经济方法进行分析，是在发电行业规制效果评价过程中用于规制效果和规制指标间的定量研究，从时间序列和横截面两个角度进行规制效果的评价。

4. 实证分析与规范分析相结合

实证分析是指关于研究对象是什么的研究，规范分析则是指对于社会来说什么是最优的研究。在发电行业规制效果指标体系构建方面，本书主要用规范分析方法进行研究，说明发电行业规制的最优效果应该是什么样的，而在运用计量经济模型检验发电行业规制效果部分，运用了实证研究方法。

第二章
政府规制效果评价的理论基础

中国垄断行业改革历经 30 余年，但是垄断行业改革进行绩效评价尚处于起步阶段，尚未形成一套完整的理论体系和系统方法。一方面，由于对垄断行业改革绩效评价过于复杂，与财政支出等常见的绩效评价不同，垄断行业改革涉及的经济社会因素较多，其中许多内容是近些年出现的，系统地将这些内容结合起来进行评价是一件十分困难的事情。另一方面，由于垄断行业的特殊性及时限性等其他诸多因素，评价主体很难得到足够的数据，这大大增加了对垄断行业改革进行绩效评价的难度。按垄断行业规制改革绩效评价视角划分，绩效评价主要包括对效果的评价和对效率的评价两大类，其中对效果的评价主要采用计量经济学、统计学等方法，对政策的执行结果进行分析，以此来判断政策是否达到了预期目标。对效率的评价则主要采用成本收益法、运筹学方法对改革政策执行所获得的产出和投入进行比较，并且以收益为主要考察方向，以此来判断政策是否应当实施。

本章主要介绍政府规制含义、特征、类型与模式，政府规制理论依据和现实依据，规制效果的含义及其评价对象，规制效果评价内容，规制效果评价的相关理论和方法，最后做简单评述。

第一节　政府规制含义、特征、类型与模式

规制（Regulation）或政府规制（Government Regulation），在我国往往被翻译为"管制"或"监管"，其含义大同小异。随着时代发展，"规制"也有慢慢演变为"治理"的趋势。同时，对于"规制"的概念，在国内外政治学、法学

和经济学文献中有不同的解释，争议颇多。这里，首先概述经济学者对规制概念的解释，然后阐述本书对政府规制概念与特征的理解。

一、政府规制含义

按照《新帕尔格雷夫经济学大辞典》的定义，规制是指"国家以经济管理的名义进行干预"[①]。卡恩（Kahn，1970）指出，规制"作为一种基本的制度安排，是为了维护良好的经济绩效，其实质是政府命令对竞争的取代"，是"对该种产业的结构及其经济绩效的主要方面的直接政府规定，如进入控制、价格决定、服务条件及质量的规定以及在合理条件下服务所有客户时应尽的义务的规定"。丹尼尔·史普博（Spulber，1999）提出，规制是"由行政机构制定并执行的直接干预市场配置机制或间接改变企业和消费者的供需决策的一般规制或特殊行为"。斯蒂格勒（Stigler，1971）指出，规制"作为一种法规，是产业所需并为其利益所设计和操作的"，是国家"强制权力"的运用。金泽良雄（1985）则从最为广泛的意义上解释了规制，他指出，规制是指在市场经济体制下，以矫正和改善市场机制内在问题为目的，政府干预和干涉经济主体（特别是企业）活动的行为。

综合以上解释，可以对政府规制做如下的理解：政府规制是政府或其授权机构根据法律、法规的规定，或通过颁布新的法律法规、设计新的制度机制，对微观市场经济活动，包括进入与退出、价格、服务条件及产品质量等，进行规范和限制。它既是一系列制度机制的总和也是一系列规制活动的集合，是产业市场实现健康、稳定、有序发展所不可或缺的制度安排，目的在于实现市场公平与效率的有机统一。

政府规制有广义和狭义之分。广义的政府规制，既包括政府对经济主体的直接干预和微观控制，又包括政府对市场的间接干预和宏观调节，也就是说，政府规制政策包含了市场经济条件下政府几乎所有旨在克服广义市场失败现象的法律制度，以及以法律为基础的对微观经济活动进行某种干预、限制或约束的行为。在规制经济学中，经济学家对规制的解释更多的是狭义的解释，特指政府对微观经济活动直接的行政性规范和控制。而本书倾向于对政府规制做广义的理解，这是因为，如果狭义地去理解政府管制，那么政府对市场的间接干预就会被排除在政府规制之外，从而难以把握政府与市场之间的全部关系。

---

① 参见《新帕尔格雷夫经济学大辞典》关于 Regulation 的词条，第 2135 页。

二、政府规制的特征

政府规制的定义表明，政府规制的特征如下：首先，政府规制行为是由特定的行政机构做出的；其次，政府规制行为的依据是相应的法律法规和制度机制，这些法规可能来源于宪法或其他由立法者制定的法律，也可能来源于行政机构依据授权原则制定的具体规章、设计的制度机制；再次，政府规制涉及立法、司法和执法等方面，是一个极其复杂的政治与经济过程，而且在这一过程中，规制者（机构）往往集立法、司法和执法三个权力于一身；又次，政府规制是市场经济条件下不可或缺的制度安排；最后，政府规制的目的是维护正常的市场经济秩序，提高资源配置效率，增进社会福利水平。

三、政府规制的类型

主流规制经济学按照规制的目标与手段不同，将政府规制分为直接规制与间接规制。其中，直接规制又按照内容的不同分为直接经济性规制和直接社会性规制（植草益，1992）。这种分类似乎忽略了社会性规制中的间接规制。如表 2 - 1 所示，事实上，规制可以首先根据规制的目标和手段不同，将其分为直接规制（方式）和间接规制（方式）；其次以规制内容为标准区分为经济性规制和社会性规制；最后，将规制内容与规制方式结合，则可把规制区分为直接经济规制（机制）和间接经济规制（机制）、直接社会性规制（机制）和间接社会性规制（机制）①。

表 2 - 1　政府规制的分类

规制内容类型		规制方式类型	规制机制类型（举例）
政府规制	经济性规制	直接经济性规制	直接准入规制 直接价格规制 国有化或政府直接供给等
		间接经济性规制	间接准入规制 间接价格规制 其他，如反垄断和不正当竞争规制
	社会性规制	直接社会性规制	强制性信息公开 直接关闭污染企业或取缔非法物品 直接监督检查和行政处罚等
		间接社会性规制	社会性立法与制度、间接准入规制 界定产权、形成产权交易市场等

① 参见王丙毅，梁树广. 产业经济学教程［M］. 北京：北京大学出版社，2017.

1. 直接规制（方式）和间接规制（方式）

从规制目标和手段来区分，规制可分为直接规制方式和间接规制方式（以下简称为直接规制和间接规制）。直接规制主要是指政府利用各种行政手段或类似规制措施，直接干预经济主体的决策活动。其最大的特点是政府通过禁止、认可和许可的手段，直接介入经济主体决策活动，具有明显的行政性特征。间接规制是以形成并维持市场竞争秩序的基础，即以有效地发挥市场机制职能而建立完善的制度为目的，不直接介入经济主体的决策而仅制约那些阻碍市场机制发挥职能的行为之政策（植草益，1992）。这种方式的特点在于政府是通过建立和完善市场法律制度，以间接的手段来规范和约束那些不利于市场机制发挥作用的行为，形成并维持市场竞争秩序。

2. 经济性规制和社会性规制

从规制的内容来看，政府规制可分为经济性规制和社会性规制。

经济性规制是指规制的对象或内容主要涉及的是经济问题，是对市场中企业的进入与退出、企业规模与数量、企业市场行为、产品（服务）的数量与质量及价格以及投资、财务、会计等方面的活动所进行的规制。可分为市场准入规制、产品数量与质量规制、价格规制、企业运营规制等。

社会性规制所处理的对象和内容主要是社会性问题。这些社会性问题主要包括外部性、信息不对称、非价值物①、社会中不希望发生的现象和问题。社会性规制"是以保障劳动者和消费者的安全、健康、卫生以及保护环境和防止灾害为目的，对物品和服务的质量以及伴随着提供它们而产生的各种活动制定一定标准，并禁止、限制特定行为的规制"（植草益，1992）。包括环境规制、公共和生产安全规制、卫生与健康规制、非价值物规制、对社会不希望发生的现象（如社会不公、有损风化等）的规制等。

3. 直接经济规制（机制）和间接经济规制（机制）

把规制内容与方式相结合，可将经济规制分为直接经济规制机制和间接经济规制机制（以下简称为直接经济规制和间接经济规制）。其中，直接经济规制一般包括：直接举办和经营国有企业；直接价格规制即政府直接定价；直接准入规制，即通过审批、许可等行政命令性手段，直接限定特定经济主体进入市场，限

---

① 即依照道德伦理规范应在一定程度上或者是全面限制和禁止其生产销售的物品，如毒品、黄色书刊等。参见［日］植草益. 微观规制经济学［M］. 北京：中国发展出版社，1992：22.

制其提供产品的数量与质量，如只允许某个企业而不允许另外一个企业进入某一市场领域；其他直接规制机制①。

间接经济规制一般包括：间接价格规制。运用财政、税收、间接定价等各种手段进行价格调节。间接准入规制。通过立法建立质量标准、技术标准和市场主体资格标准等，构建市场准入与竞争平台。凡是符合条件和标准者都可进入市场，而不限定某个特定企业进入市场。市场行为规制。即通过界定和保护私有产权、通过反垄断和反不正当竞争等法律维护市场秩序。其他间接规制机制。

4. 直接社会性规制和间接社会性规制

把规制内容与规制方式相结合，可把社会性规制分为直接社会性规制和间接社会性规制。

直接社会性规制主要体现为直接准入规制。其规制机制一般包括针对负外部性的直接准入规制和直接惩罚措施、针对产品或服务质量的直接监督检查与处罚措施、强制性信息公开制度、强制性安全和环境保护措施，以及对特定非价值物的禁止措施等。

间接社会性规制主要体现为利用社会法律制度来规范和约束容易产生社会性问题的各种行为和现象的发生。规制机制一般是指各种社会性法律制度，如环境保护法律、生产安全和劳动法律、社会保障立法、公平分配法律及其他社会性制度规范等。与间接经济规制一样，间接社会性规制主要是通过法律制度和一般行为规范保证社会公平与稳定，而不像直接社会性规制那样直接介入特定市场主体特定行为及其决策活动。

5. 传统型规制与激励性规制

在技术进步迅速，人们的消费需求多种多样的现代社会，刻板僵化的行政方式越来越不受欢迎。人们对传统规制方式的不满，迫使政府规制部门不得不寻找新的规制理论。博弈论和信息经济学的发展恰好为激励性规制理论的形成和发展创造了条件。建立在激励性规制理论基础上的激励性规制措施包括以下几种：

（1）最高价格限制（价格上限制）。它是在一定范围内允许企业产品价格上涨到一定最高水平的一种价格水平规制。在一般情况下，价格上限规制通常采取的是 RPI-X 模型。其中，RPI 表示零售物价指数，相当于通货膨胀率；X 是由规制当局确定的，表示在一定时期内生产效率增长的百分比。

---

① 参见王丙毅. 水权界定、水价体系与中国水市场监管模式研究 [M]. 北京：经济科学出版社，2019.

RPI - X 模型意味着受规制企业在任何一年中制定的名义价格取决于 RPI 和 X 的相对值，即如果某企业本期的价格为 P_t，则下期的规制价格 P_{t+1} 为 $P_{t+1} = P_t(1 + RPI - X)$。如果考虑到以价格转嫁为目的的费用上升率，则 RPI - X 模型可以扩展为 $P_{t+1} = P_t(1 + RPI - X + Y)$，其中 Y 是以价格转嫁为目的的费用上升率。

价格上限规制能够激励企业降低成本、提高生产率的原因在于，在企业生产率增量中，规制当局预先设定的 X 归消费者享有，超过 X 的部分为企业所保留。也就是说，企业生产率的实际增量超过规制当局预先设定增量（X）的部分越大，企业的成本就越低，企业可获得的利润就越多。只要不超过平均价格上限，企业就能够在限定范围内自由变动其产品或服务价格。

（2）特许投标规制。即政府将给予特定企业的垄断性事业特许权（即垄断经营权）限定在一定时期内，在特许期结束之后再通过竞争投标的形式确定特许权归属，以激励特许企业提高效率。

（3）区域间标尺竞争规制（Yard Stick Competition Regulation）。它是将受规制的全国垄断企业分为几个地区性企业，使特定地区的企业在其他地区企业成就的刺激下，努力提高自己内部效率的一种规制方式。

（4）菜单规制（Menus Regulation）。它是一种综合性规制方式，将多种规制形式组合成一个菜单，供受规制企业选择。

（5）其他激励性规制措施。例如，延期偿付率规制，就是允许消费者先消费商品或服务，在一定时期后再付费的规制方式；利润分享规制（Profit Sharing Regulation），是让消费者直接分享公用事业超额利润或分担亏损的规制方式，它可以采取购买后退款或为将来购买提供价格折扣等形式；联合回报率规制（Banded Rate of Return Regulation），是以投资回报率规制为基础的一种规制方式，它规定了一定的投资回报率范围，受规制企业可以在这一范围内根据企业目标确定回报率大小。

四、规制模式分类

根据各种规制方式的组合情况可以把规制模式区分为政府主导型规制模式、市场主导型模式和政府与市场结合型模式（见图 2 - 1）。

如果政府对某一领域完全采取直接规制方式，或者政府对某一领域进行规制的各种规制方式都是以直接方式为主导，那么这种规制模式就是一种政府主导型模式；如果政府既对某一经济领域采取直接规制方式又采取间接方式，二者的作用范围十分明确而又能够相互配合，那么这种规制模式就是一种政府与市场结合型规制模式；如果政府对某一经济领域没有采取任何直接规制，或者实施规制所

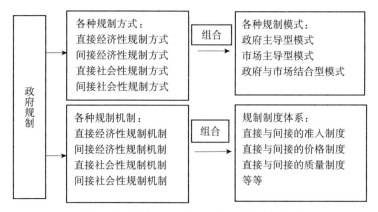

图 2-1　规制方式、机制、模式和制度体系

采取的都是一些作用程度及作用范围很小的间接规制方式，那么这种模式就是一种市场主导型规制模式。

第二节　政府规制的理论依据和现实依据

从实践上看，政府规制迄今已经历了规制、规制放松及规制重构的动态演进过程。作为对这一实践过程的理论再现，经济学家也从专业分工角度对这一实践过程进行了深入研究，使得规制理论也经历了一个由规制的公共利益理论到规制的利益集团理论，再到激励性规制理论的演变过程。这些理论在对政府规制及其改革实践进行诠释的同时，也构成了政府规制及其改革实践的重要理论依据。

一、规制的公共利益理论

按照传统自由经济理论，只要存在健全的市场体系，许多问题可以在市场机制的作用下得到解决，政府一般不应做出干预。但是，19世纪末在特殊行业出现的卡特尔和托拉斯组织，特别是20世纪初的经济危机，引起了人们对市场机制有效性的质疑。许多学者越来越深刻地认识到了"市场失灵"的存在及其危害，并以帕累托和庇古的福利经济学为基础，提出了公共利益规制理论。

公共利益规制理论在政府是公共利益代表的假定前提下，以市场失灵和政府的矫正措施为研究主题，分析了市场失灵的根源和政府规制的现实根据。该理论认为市场是脆弱的，市场机制存在失灵的领域。市场失灵的根源在于经济活动中存在诸如自然垄断、外部性、公共物品和信息不对称等问题。如果放任自流，就会导致不公正或低效率。而政府规制是对市场失灵的回应，是对社会公正和效率需求所作的无代价、有效和仁慈的反应。政府的公共政策是从公共利益出发而制定的规则，目的是控制被规制的企业对价格进行垄断或者对消费者滥用权力，具体表现为控制进入、决定价格、确定服务条件和质量及规定在合理的条件下服务所有客户时的应尽义务等（Mitnick，1980）。在这一过程中，政府可以代表公众对市场做出理性的调整，使这一规制过程符合帕累托最优原则。

现实中，由于传统微观经济学关于完全竞争市场的条件很难满足，市场失灵不可避免。由此，根据公共利益规制理论，政府规制的潜在范围几乎无边无际，哪里有市场失灵，哪里就应当相应地实施政府规制。这样，公共利益理论几乎可以被用来解释所有的政府规制问题，其理论分析和政策建议一直以正统理论的面目在规制经济学中居统治地位，是现代公共经济学的基石，同时构成了实践中系统化规制体系形成的理论基础，为 20 世纪 70 年代以前大量兴起的国有化运动和政府规制提供了政策依据。

二、规制的利益集团理论

自 20 世纪 30 年代世界经济危机以来，主张对国民经济进行规制的公共利益规制理论观点占据了主流。但是，20 世纪 60 ~ 70 年代，随着政府规制的强化，政府规制本身的缺陷也日益凸显。经济学家通过对政府规制效果的实证分析和规制的政治动因考察，对公共利益规制理论提出了质疑与批判，形成了规制的利益集团理论。规制的利益集团理论包括早期的规制俘获理论和规制经济理论。

1. 规制俘获理论

规制俘获理论是规制的利益集团理论的最早雏形，是以施蒂格勒（G. J. Stigler）为代表的芝加哥学派在政治学的利益集团理论基础上进一步发挥而形成的。该理论认为，公共利益规制理论夸大了市场失灵的程度，而没有认识到市场竞争和私人秩序解决这些所谓"市场失灵"的能力；市场和私人秩序完全可以在没有政府干预的情况下解决绝大多数市场问题，即使在不成功的少数情况下，可以由公正的法院来制止侵权行为（Coase，1960；Posner，1974）；如果法院和私人秩序不能够完美地解决所有问题，规制也不见得奏效，反而可能把事情搞得更糟。原因在于：一方面，规制的政治决策过程通常会被产业界所左右，不但无法约束垄断定价，相反还会通过政府支持垄断（Kalt，Zupar，1984）。另一方面，即使规制者真想提高社会福利水平，他们也往往因自身能力所限而极少成功。因此，政府规制的范围越小越好，即使在其最低限度内，也难以保证规制结果是有效的（Peltzman，1989）。1962 年，Stigler 和 Friedland（1962）发表了著名的论文，用实证数据证明了规制无效、规制机构可能被受规制产业所俘获的论断。

2. 规制经济理论

规制经济理论是由施蒂格勒开创，并佩尔兹曼（S. Peltzman）和贝克尔（Becker）等完善和推广的。该理论在接受公共选择理论关于"政府及其官员也是经济人"假定的基础上，结合奥尔森（Olson）的集体行动理论，运用标准的均衡分析方法，从制度供给和需求的角度，用寻租、设租、官僚成本、利益集团等概念，分析了利益集团对政府规制形成及其效果的影响。对政府规制发生的成因与规制失灵的根源做出了新的解释，为规制改革和放松规制提供了理论依据。

（1）施蒂格勒模型。施蒂格勒对规制的经济分析有两个前提：一是政府的基础性资源是强制权；二是规制的需求者与供给者都是理性经济人，可以通过选择行为来谋求最大效用。由于利用公共资源和国家权力可以提高经济集团的经济利益，便产生了对规制的需求；规制的供给则产生于民主政治过程。哪些行业被规制，规制会采取何种具体的形式，都是由规制的供给和对规制的需求相互作用来决定的。因此，规制本质上是利益集团利用国家权力将社会资源从其他利益集团向本集团转移的一种工具。一个利益集团寻求国家权力的支持而获得租金时，会损害其他利益集团的利益，因此其他利益集团为了保护自己的利益也会寻求国家权力的支持来阻止前一个集团的寻租行为，这就出现了寻租竞争。寻租竞争增加了社会的立法成本，造成了社会资源的无谓浪费。寻租竞争的结果究竟是实施有利于哪个集团的规制或什么样的法律被通过，取决于寻租竞争中利益相反的两个集团的力量的对比，力量强大的集团往往是赢家。Stigler（1971）结论是：产业成员比分散的消费者更容易受到激励和更能以组织形式去影响政治，规制有利于生产者，生产者总能赢。

（2）佩尔兹曼模型。佩尔兹曼试图把斯蒂格勒的分析模型化，主要讨论在实行政府规制的情况下，出于压力集团之间的斗争，规制者对被规制的产品如何定价的问题。皮尔兹曼在斯蒂格勒的两个假设基础上，增加了第三个假设，即利益集团的竞争以选票的形式影响政治家的选择，进而决定了规制的发生。他将其模型化，提出了价格和进入的最优规制政策模型。通过模型分析得出结论认为，规制决策者的政治利益是通过使政治支持最大化来实现的；在最优化的条件下，规制的政治均衡过程是受各种利益集团的影响所致；政治均衡的边际条件是政治支持替代率（绝对值）等于由生产者利润和消费者剩余相互转移而得的边际替代率。这表明俘获规制机构的不是单一利益集团，效用最大化的政治家根据边际条件在不同集团之间配置利益导致政治均衡。任何集团的经济利益都可以互换，政治家通常可以雇佣所有集团的服务（Peltzmar，1976）。

（3）贝克尔模型。贝克尔（1983，1985）建立了压力集团之间政治影响的竞争模型——政治均衡模型。他假设政治家、政党、选民传递相互竞争的利益集团的压力，不同的集团压力对政治程序的影响不同，压力越大，相对影响力越大，从而形成规制政策在政治市场上的"纳什均衡"。最终，更有影响力的利益集团的福利增加，市场失灵得以纠正，社会福利的无谓损失得以降低。

三、激励性规制理论

20 世纪 80 年代，规制改革与放松浪潮席卷全球，而 90 年代末又出现了规制重构与优化的趋势。这种现象迫切需要经济学家们做出更为科学的理论解释。与此同时，微观经济学领域形成了信息经济学以及与之相关的委托代理理论、机制设计理论、激励理论、动态博弈论等理论成就。这些成就被吸收到规制理论中，从而形成了被命名为新规制经济学的激励性规制理论，构成了现代经济学中最具活力的领域之一。

1. 激励性规制理论的研究特点

激励性规制理论将西方规制理论关注的重心从为什么规制扭转到怎样规制的轨道上来，不再像传统规制理论那样关注特定的规制制度，而是在机制设计文献的传统下，以刻画最优规制为目的，主要研究政府怎样规制的问题。具体而言，激励性规制理论就是研究在保持原有规制结构和信息不对称的委托—代理框架下，设计规制规则或活动方案，给予企业一定的自由裁度权，以诱导企业正确地利用信息优势，选择规制者所期望的行为。这种机制或方案既能激励企业降低成本，提高经济绩效，减少逆向选择、道德风险等问题，又能实现社会福利最大化的规制目标。因此，激励性规制相对于传统规制而言，只需关注企业的产出绩效和外部效应，而较少控制企业的具体行为，企业在生产经营中具有更大的自主权。激励性规制理论包括公共利益理论框架下的"激励性规制合同设计理论"和利益集团理论框架下的"利益集团政治的委托—代理理论"。

2. "激励性规制合同设计理论"

"激励性规制合同设计理论"在保持规制的公共利益前提下，修正了其信息完全假设，在委托代理框架下内进行激励合同设计。激励规制合同包括强激励型和弱激励型两种（张昕竹，让·拉半和安·易斯塔什，2000）。强激励型合同是指，企业在边际上承受较高比例的成本；企业利润的多少与企业成本的高低密切相关；企业得到的总货币补偿随企业实际成本的变化而变化，成本越高，企业的净收益越低。弱激励型合同是指企业的利润不受成本变动的影响，企业的成本将完全得到补偿；同时，企业降低成本的收益不完全归企业所有，将部分转移给政府和消费者。在信息不对称的情况下，提高合同的激励强度，企业将努力降低成本，产生大量的超额利润，这些利润完全归企业所有，称为信息租金。如果要通过分享等途径减少企业的信息租金，则必然要降低合同的激励强度，企业降低成本的动机也会随之减弱。因此，在设计激励规制合同时，规制机构面临着激励强度与信息租金之间的两难选择。规制者在制定规制合同前需要通过甄别不同类型企业，消除企业谎报成本的动机。也就是说，激励规制合同的设计，必须针对企业的类型空间，设计出在企业类型给定的情况下，每一个参与者都是最优策略诚实执行者的机制，也叫作"诱使其说真话"的机制。

3. "利益集团政治委托—代理理论"

"利益集团政治的委托—代理理论"否定了规制的公共利益假设，并在信息不对称假设下，吸收政治学中前沿的规制体系非整体观，打开规制机构这个"黑箱"，将其分为规制者和国会两层，形成了一个包括企业等利益集团、规制机构、国会的三层科层结构的代理理论分析框架。该理论承认规制者为了最大化自身效用，可能被利益集团俘获而与之合谋，而国会则以最大化社会福利为目标。该理论认为，利益集团影响政治决策的根本原因在于政治决策影响他们的利益；他们有力量影响政治决策的理由在于规制中有他们的切身利益。当切身利益大于或等于用作俘获规制机构的成本时，影响政治决策的行为就会发生。因此，有必要制定一套减少或阻止规制机构被俘获的激励机制。这项机制既要描述规制者的激励和行为，又要描述利益集团的激励和行为，还要描述国会的目标——社会福利最大化。

按照规制的公共利益理论，政府规制发生的现实依据就是市场失灵，政府规制的目标是通过矫正市场失灵，以实现社会公平、公正与社会福利最大化。然而，实践表明，政府规制的范围并非仅仅局限于市场失灵领域，许多没有市场失灵的领域，同样有政府规制的身影。而且有些市场失灵也不一定必然需要通过政府规制才能得以矫正，市场本身有时也可以治理某些市场失灵。从产业组织理论角度来看，公共政策包括政府直接规制的目标是通过产业组织结构调整和企业市场行为控制，以获得较高的市场绩效和稳定而可持续的经济社会发展效果。所以，除了市场失灵之外，一些"社会不希望发生的现象"、公共目标及其社会目的性，恐怕也是政府规制的重要依据。

第三节 规制效果的含义及其评价对象

规制效果是对政府规制政策实现规制目标程度的研究，其目的是对现存规制政策或正准备实施的规制政策的效果进行评价，是一种政策实施后的事后政策评价，能给政府未来设计、实施和改进政策提供帮助。

规制效果评价的对象是规制效果。规制效果是政府实施的规制政策和措施所导致社会现状的变化，体现了政府措施的结果，故亦称政策结果。规制效果评价具有动态性。规制效果评价是对规制目标实现程度的检验与评价，以此来指导规制实践。随着社会经济的不断发展，规制的目标也将不断随之变动，而规制效果评价对规制目标具有很强的依赖性。

规制效果评价的范围比较广，包括经济性规制、社会性规制、文牍性规制及规制改革。经济性规制是对特定市场的直接干预，包括对企业定价和进入等方面的控制，它直接影响企业的生产决策和供应方式。社会性规制是政府为控制外部性和可能影响健康、安全和环境的风险而采取的行动和设计的措施。文牍性规制是政府用于收集信息、干预个人经济决策的文书工作和行政手续，即所谓的"红头文件"，它可能对私人部门的绩效产生巨大影响。规制改革是改善规制质量的规制变化，是对某项规制政策的修订，也可为整个规制体系的重建，或是规制机构和规制过程的改革。

规制效果评价是规制评价的第三个层次，其评价对象包括经济效果、社会效果等方面。规制效果评价是对这两类效果及它们之间相互联系的综合评价。经济效果主要是指对市场失灵的纠正和商业环境的改善。社会效果主要是指收入分配的公平和福利的增加等。同时，这两者之间还相互影响，经济效果的实现会在一定程度上带来良好的社会效果，社会效果的良好状况也会反过来对经济效果的实现起到促进作用。

第四节 规制效果评价的内容

规制经济学内容主要包括经济性规制、社会性规制和反垄断，因此在评价某一个行业的规制效果时，其评价的主要内容也应该主要包括这三个方面，即经济性规制效果、社会性规制效果、反垄断效果。中国垄断行业经济性规制改革可以归纳为竞争改革、产权改革和规制改革三个领域（戚肇东、柳学信等，2009）。它们的改革是相辅相成的，不同改革之间存在十分复杂的相互影响。所以，中国发电行业经济性规制改革效果评价的内容主要是围绕这三个领域改革对发电行业绩效影响来展开。

一、经济性规制效果评价内容

Viscusi（2005）等学者认为，经济性规制通常是指政府在价格、产量、进入与退出等方面对企业自由决策所实施的各种强制性制约（维斯库斯，弗农和哈林顿，2004）。植草益（1992）认为，经济性规制主要是为了防止资源配置的低效率和确保使用者公平利用，对市场失灵中的自然垄断和信息不对称领域，政府利用法律权限，通过许可和认可等手段，对企业的进入和退出、价格、服务的数量和质量投资、财务会计等有关行为加以规制。经济性规制的主要内容包括以下几个方面：价格规制、进入和退出规制、投资规制、质量规制，其中价格规制和进入规制是最基本的规制内容。这是因为，经济性规制是以某个具体产业为主要研究对象，着重研究特定产业的市场准入、价格、投资、产品与服务质量等规制政策。

经济性规制效果评价内容主要有竞争改革、产权改革、规制改革效果评价。

（1）竞争改革。中国垄断行业改革由来已久，从改革开放开始，政府就在不断推进垄断行业改革，其中大部分内容是将竞争机制引入计划经济时代僵化的生产经营模式，以激发生产者和经营者的热情。垄断行业竞争改革主要是在一些可以实施竞争的环节，电力行业的发电环节，采取降低进入门槛等方法，建立竞争市场，采用市场规则进行资源配置，以此达到充分发挥整个行业生产力的目的。但随着垄断行业竞争改革的深入，实际操作中出现了各种各样的问题，为了更好地推进垄断行业改革的进行，有必要对其效果进行评价，为规制机构提供可靠的政策参考。

（2）产权改革。中国垄断行业产权改革是与竞争紧密联系的一项内容，是当前垄断行业改革的主要内容之一。与构建竞争市场一样，通过推进民营化、实施产权激励等方法，同样可以达到提升垄断行业生产效率的效果。同时，产权改革还能够对竞争改革产生积极的推动作用。垄断行业民营化水平的提高可以带动竞争水平的提高。

（3）规制改革。中国垄断行业规制改革是与竞争改革和产权改革相对应的。由于垄断行业所具有的一些特殊性，在通常情况下，并非所有环节都可以引入竞争和进行民营化，一些关键环节上的问题还是需要由规制来处理，如电力行业的输电、配电，通信行业的互联互通，普遍服务的实现等。政府在为垄断行业构建良好的竞争环境和投资环境的同时，也要加快推进规制改革的步伐，特别是处理好垄断行业中规制与竞争的关系，尽可能减小竞争改革与产权改革所产生的副作用。

二、社会性规制效果评价内容

植草益（1992）对社会性规制的定义是：以保障劳动者和消费者的安全、健康、卫生和保护环境、防止灾害为目的，规定产品和服务的质量以及对提供这些产品或服务的活动标准，并禁止和限制特定行为的规制。在生产技术不断进步、经济快速发展的同时，许多经济行为经常会产生严重的负外部性，如一些企业的生产活动带来空气污染、水污染等问题；消费者的个人行为也会造成负外部性。同时，由于存在生产者和消费者之间的信息不对称问题，消费者对许多食品和药品缺乏足够的知识，一些企业生产经营的食品和药品质量低劣，消费者无法辨认，消费结果必然影响其身体健康。对于这些环境污染、产品质量低劣造成的社会问题，庞大的消费群体是最大的受害者，但由于他们无法掌握足够的信息，或不能形成较大的社会力量去索要补偿，因而难以得到经济补偿。这就需要政府代表人民的利益，通过立法、执法手段加强对这类社会问题的规制。这也为政府实行社会性规制提供了理论依据。

与经济性规制不同的是，社会性规制不是以特定产业为研究对象，而是围绕如何达到一定的社会目标，实行跨产业、全方位的规制，主要研究内容包括对环境污染、产品质量、工作场所安全、卫生健康等方面的规制。因此，社会性规制效果评价应该注重环境、卫生、健康，察看规制改革是否改善了环境，是否对员工和周围人的身体健康有影响。

三、反垄断效果评价内容

反垄断主要研究的是在竞争性领域中具有市场垄断力量的垄断企业及其垄断行为，特别在形成市场集中过程中的企业垄断行为。反垄断的主要对象是垄断企业的经济性垄断，但是政府权力滥用造成的行政性垄断也是反垄断的对象。反垄断的主要目标是维护社会公平竞争和市场竞争机制的正常运行。垄断可分为垄断结构和垄断行为两个方面，垄断结构只是为垄断行为提供可能性，只有垄断行为才会真正导致资源配置低效率问题，这就决定了反垄断法的立法指向主要是垄断行为而不是垄断结构。反垄断效果评价主要评价政府经过改革后是否达到打破垄断和改变市场结构，是否通过改革达到促进竞争，是否存在企业滥用市场支配地位，企图垄断的行为。

第五节　规制效果评价的目标、标准、指标和方法

一、规制效果评价的目标

在进行规制效果评价时，首先应该明确政府规制垄断企业的目标是什么。一般来说，政府规制垄断企业的基本目标有两个：一是使垄断企业得到一个合理的收入或收益率；二是垄断企业能够以最低的成本满足社会对其服务的需求。但是在具体目标上，不同学者提出了不同的观点。一般来说，经济性规制所要达到的目标是资源有效配置、确保企业内部效率、避免收入再分配及企业财务的稳定化。为此，植草益（1992）关于经济性规制目标的表述如下：经济规制的基本要旨是通过使事业能够适当、合理地运营，在维护消费者利益的同时，力求事业能够健康安全发展。Joskow 和 Kase（1989）认为规制政策的目标通常包括以下五个方面的内容：①使垄断部门有足够资金进行投资以平衡供需；②降低运营成本，购买高效率的设备以提高生产效率；③使价格和成本相配，为消费者提供准确的价格信息；④平衡垄断部门的总收入和总成本，维持该部门的资金的基本需求；⑤调整服务价格，使其与引进竞争的企业目标相容，解除或者放松对竞争部门的价格和进入规制，由竞争来决定资源配置。尽管不同学者对具体目标的表述存在一定的差异，但是经济规制的核心目标还是经济效率，效率始终是政府规制的最终追求目标。

在自然垄断产业，最大的着眼点在于防止垄断企业滥用市场支配地位，因而实行进入规制和价格规制以便实现资源的有效配置，就成为经济性规制的首要目标。同时，在自然垄断产业中，由于企业很少受到竞争压力，政府往往以提供激励性规制的方式来确保企业内部效率的提高。政府对自然垄断产业实行价格规制的基本理由如下：如果企业垄断地确定价格，除资源配置效率受到损害外，还会发生消费者的一部分剩余成为企业利润而进行收入再分配进而受到损害的现象，因此避免不合理的收入再分配是经济性规制的又一目标。确保企业财务稳定化是与前面的目标相联系的，如果企业亏损，也就不能确保有效供给。

社会性规制旨在规避人类活动中外部性和信息不对称所引起的各种问题，实现保护环境、防止公害、防止产业灾害，确保企业文化教育、福利和保障国民安全、健康、卫生等目标，从根本上增进社会福利（谢地，2003）。具体来说，社会性规制目标主要包括以下几个方面：限制负外部性活动，保障人类社会可持续发展，激励正外部性活动，促进社会全面进步，保障信息劣势方的权益。

自然垄断产业规制的目标，一方面是经济目标，即提高效率，获得最大利润；另一方面是社会目标，主要是为社会提供公共服务以及健康、安全、良好的环境，这种公共服务对社会大众是公平的、低成本的，如发电行业不仅要给经济发达地区提供电力服务，也要给边远贫穷地区提供服务。自然垄断产业规制的经济目标应尽量用市场竞争手段来实现，政府只是起到一种监督作用；而社会目标主要靠政府监督和规制来实现。

应该注意的是，由于我国大多数发电企业属于国有发电企业，其经营目标不仅是利润还有社会性普遍服务，这也是政府规制发电行业的主要目的，即保证发电企业能够以高效率、低价格、少污染给社会提供电力。

二、规制体制评价标准

在评价规制体制标准时，不同学者提出了不同的判断标准。Littlechild（1983）提出了五个评价标准：防止垄断、鼓励创新、最小化规制成本、促进竞争和最大化国有股权私有化的预期收益。从这五个评价标准可以看出，有些标准之间是相互矛盾的，如最大化国有股权私有化的预期收益，有可能与防止垄断、促进竞争相矛盾。Crew 和 Rowley（1988）提出了另外一种评价标准，该标准主要分为效率、公平合理和交易成本三个方面，其中效率又分为价格效率、X 效率、动态效率和规模效率。从这些评价标准中可以看出，公平问题实际上可以通过价格效率实现，因为只要一个自然垄断行业的企业用最有效的方式提供产品，并使价格尽可能地接近成本和反映需求弹性的差别，则公平问题不会成为一个严重问题。一些经济学家认为，规制可以实现公平分配收入（Feldstein，1972），但是也有一些经济学家认为，规制很难达到重新分配收入的目的，且有可能阻碍生产的发展（Kahn，1975；Peltzman，1976）。正如 Schmalensee（1979）得出的结论："评价分配问题在原则上是可能的，但是极其困难的，单独提出它往往在实践中难以操作。"

1. 总量标准

一般来说，大部分自然垄断行业都属于资本密集型行业，如电力、电信、铁路等。由于自然垄断行业提供的产品较多属于关系到国计民生的基础性产品，政府要维持其持续发展，就需要在一定时期内保持一定的有效投资。由于过去计划经济的低效率以及资金的限制，政府一般不能负担垄断行业发展所需的全部投资，而是会通过向大型垄断企业提供合同，形成委托代理关系，间接通过规制调控垄断行业的发展。垄断行业改革绩效可以通过改革后产品或服务的总量或者吸引投资情况来判断。如果改革成功，政府会放松垄断行业的行政约束，促进市场结构的优化和创造良好的市场环境和投资环境，从而保证垄断企业的良好运营，保证投资者的信心，吸引私人资本和国外资本的积极进入。

2. 价格标准

垄断行业提供的产品或者服务大部分需求弹性较低。在竞争性市场条件下，垄断企业可以利用所处的垄断地位，有较强的动机通过较高产品或者服务定价获取超额利润，损害社会福利。因此，政府一方面要采用规制手段调控垄断行业，另一方面又必须在产品或服务定价方面赋予垄断企业一定的权力。这是因为，价格作为成本补偿机制的重要组成部分，只有给垄断企业一定的定价权才能够维持垄断行业发展所需的成本。但是在政府与企业的委托代理关系中，由于存在信息不对称，如果一味地从政府角度去定价，容易造成规制侵占和破坏市场经营环境，影响垄断企业的投资信心。此外，从未来发展趋势看，赋予垄断企业一定程度的定价权也是垄断企业自主经营的一个表现，代表垄断企业改革的方向。

3. 利润标准

在垄断行业改革绩效评价的实际操作过程中，改革对利润的影响评价与对价格的影响评价是相互联系的。利用垄断地位采取不合理定价是垄断企业攫取超额利润的主要途径（王俊豪等，2010）。如果政府允许垄断企业获得的利润越高，则企业激励水平越强，但是有可能生产效率较低，社会福利损失却较小。政府通过控制垄断企业获得利润的多少达到调节垄断行业发展的目的。同时，可以通过对产品或者服务的合理定价来防止企业获得超额利润和保持对垄断企业的最佳激励水平。从上述分析中可以看出，在评价垄断行业改革对利润的影响时，应主要从产品或者服务的定价角度出发，侧重评价改革政策对企业生产效率、利润水平以及社会福利的影响。

4. 社会规制标准

植草益对社会性规制的定义是：以保障劳动者和消费者的安全、健康、卫生和保护环境、防止灾害为目的，规定产品和服务的质量以及对提供这些产品的活动一定标准，并禁止和限制特定行为的规制。与经济性规制相比，社会性规制是一种较新的政府规制。虽然在 20 世纪初有些国家就开始对食品、药品方面进行规制，但是直到 20 世纪 70 年代，美国等经济发达的国家才开始重视社会性规制，理论界才开始较为系统地研究社会性规制问题。社会性规制主要局限于健康、安全和环境保护三个方面。因此，社会性规制的标准主要基于对员工和周围社区的健康标准、安全标准、环境保护标准。

三、规制效果评价指标

政府改革绩效评价部门设置好评价标准并不代表就能很好地评价改革效果，要进行实际操作还需要根据评价标准选取相关评价指标。评价指标是改革效果评价的重要组成部分。科学合理的评价指标能够准确地衡量改革政策所产生的影响，对改革效果的评价起到极为重要的作用。但选取改革效果评价指标并不是一件简单的工作，还存在很多困难。一是政策指标中有些不能定量表示，因此指标中有可能存在主观性评价指标；二是选取指标与改革效果之间关系具有复杂性和间接性，有时很难确定二者之间的确切关系，因此在选取指标时要谨慎考虑二者之间的关系；三是即使选择的指标更够准确地确定，并能反映出改革政策与结果之间的关系，但有时又不能确定能否获得数据，这时又需要想办法寻找替代指标。

当前经常采用的方法主要是计量经济学方法和统计学方法。评价部门需要依据评价标准和评价方法，确定以下衡量指标：

1. 总量评价指标

总量评价指标是衡量垄断行业改革是否起到促进投资，增加产品供给量的一个重要指标。在衡量总量时，可以选取行业规模、投资规模、从业人员、供给量等具体指标。通过对比这些指标在改革政策实施前后的变化判断改革政策对总体发展所产生的影响。在这里面最重要的指标是与投资和供给量相关的指标，这与当前中国改革政策取向有关，因为当前很多改革是为了刺激投资量和增加供给量，但是在具体操作时，要区分政府投资、私人投资和外资。此外，行业规模和从业人员能够从量的角度考察规制改革政策对垄断行业的影响。表 2 - 2 为垄断行业规制改革总量评价指标的设计。

表 2 - 2　垄断行业规制改革的总量评价指标

分类指标	单项指标	功能说明
行业规模	年总资产	规模大小
	年销售额/产值	
	年行业业务量	
	年行业供给总量增长率	发展速度
	从业人员数量	人员规模
投资规模	年政府投资总额	国有投资规模
	年私人及外资投资总额	非国有投资
	年投资总额增加率	增长速度

2. 价格评价指标

价格评价指标是评价垄断行业改革绩效的重要组成部分，也是其核心部分之一。这是因为垄断行业改革很大一部分是为了降低价格，保护消费者福利，提高整个社会的福利水平。一般而言，评价垄断行业改革绩效的价格指标主要有以下几个：产品或服务的价格水平、市场结构、扰动因素等。其中最重要的指标是产品或服务的价格水平，但需要注意的是，在描述价格水平时，要尽量使用实际价格水平，排除外部扰动因素的影响，如通货膨胀率、原材料价格等因素。垄断行业的市场结构也是影响产品或服务价格水平的重要因素之一。在一般情况下，企业垄断程度越高，产品或服务的价格越高；反之，则产品或服务的价格越低。扰动因素主要是垄断行业进行生产所需要弥补的成本，与价格水平变化呈正相关关系。表 2 - 3 为垄断行业规制改革的价格评价指标的设计。

表 2 - 3　垄断行业规制改革的价格评价指标

分类指标	单项指标	功能说明
产品或服务的价格水平	产品或服务的价格指数	价格水平
	产品或服务价格指数的增长率	增长速度
市场结构	市场集中度	垄断程度
	勒纳指数	
	行业企业数目	竞争水平

续表

分类指标	单项指标	功能说明
扰动因素	单位产品生产成本	成本指数
	原材料价格指数	
	实际通货膨胀率	外部经济环境

3. 利润评价指标

垄断行业的利润与产品或服务的价格是密切相关的，因此在选择利润相关的评价指标时有可能与价格指标重复。但是二者侧重点不同，利润评价指标更侧重对企业的激励水平，而价格指标偏重于对企业成本的补偿。具体来说，评价利润的指标主要有以下几个：行业利润、市场结构、效率水平、扰动因素等。其中，垄断行业利润水平描述了整个行业的利润水平；效率水平是影响行业利润水平的重要因素之一，因为生产效率是对总量指标的补充，在评价总量时也要注意效率水平的评价；市场结构和扰动因素能够充分描述垄断行业的外部环境和成本状况，提高评价的可靠性。表 2－4 为垄断行业规制改革的利润评价指标设计。

表 2－4　垄断行业规制改革的利润评价指标

分类指标	单项指标	功能说明
行业利润	年行业实际利润增长率	增长速度
	年行业实际利润水平	利润水平
市场结构	市场集中度	垄断程度
	勒纳指数	
	行业企业数目增长率	竞争水平
效率水平	全要素生产率	衡量技术进步
	劳动生产率	衡量劳动投入
	技术效率	衡量投入产出
扰动因素	单外产品生产成本	成本指数
	原材料价格指数	
	实际通货膨胀率	外部经济环境
	政府补贴水平	配套政策
	政府税收水平	
	国内生产总值	经济规模

4. 社会性规制指标

近年来，从健康、安全和环境保护角度出发评价社会性规制的指标逐渐引起了大家的注意。改革开放以来，我国更注重效率，而忽视了社会性规制目标。随着大家越来越关注健康、食品安全、环境保护等问题，社会性规制指标的制定被提上议程。对于社会性规制指标，在健康方面主要看平均寿命、患病率、死亡率。对于安全规制指标，主要看在企业的生产过程中的事故发生率、事故死亡人数、安全设施投资。对于环境保护指标的设置，一方面看废气、废水、废物等废弃物的排放量；另一方面看治理环境污染的投资量，其反映了环境规制的力度。表2-5为垄断行业规制改革的社会性规制评价指标。

表2-5 垄断行业规制改革的社会性规制评价指标

分类指标	单项指标	功能说明
健康	平均寿命	衡量一个社会的经济发展水平及医疗卫生服务水平
	患病率	衡量疾病出现情况
	死亡率	衡量人群因病伤死亡危险（机会）大小的指标
安全	事故发生率	设备、食品、环境安全状况
	事故死亡人数	
	安全设施投资	安全投资
环境保护	废气排放量	污染物排放
	废物排放量	
	废水排放量	
	噪声污染贝数	
	环境污染治理投资	衡量环境污染投资

除此之外，在设计改革绩效评价指标时，要特别注意以下几点：一是要对评价对象有一个全面的了解，使评价内容尽可能完整。二是要尽可能使用量化指标进行评价，这样不仅可以使用多样的评价方法，还能够大大提高评价结果的可靠性。但是改革政策的有些属性是不可以量化的，遇到这种情况时，采用相应的定性指标来界定。三是要遵循适用性原则。由于垄断行业改革的范围十分广泛，在进行改革绩效评价的时候一定要根据实际情况选择评价指标（肖兴志、齐鹰飞和郭晓丹等，2010）。

四、规制效果评价方法

1. 计量经济学方法

测试规制效果时经常用的计量经济学方法是虚拟变量回归法。该方法是将改革实施与否设置为一个虚拟变量，将这一变量取值为0或1，再使用计量经济学方法分析改革政策效果。如果统计结果中虚拟变量的回归系数在统计上显著，则说明政策运行有效果，否则就没有效果。另外，也可以把改革政策变量设置为各种指标并将其量化，即将定性问题转化为定量问题。例如，在考察行业进入规制效果时，可以根据该行业改革前后的企业数目设定指标，也可以把各种规制改革因素加总为一个因素，如把规制改革设置为进入规制、价格规制、法律法规规制、规制机构独立性等综合为一个指标。还有一种计量经济方法是利用双重差分模型，即利用一项政策所带来的横向单位和时间序列的双重差异来识别该政策的"处理效应"（黄清，2009）。

2. 聚类分析方法

聚类分析方法是研究样品或指标分类问题的一种多元统计方法，又被称作群分析，是在分类学、数学和多元分析基础上形成的一种统计分析方法，其中层次聚类法和迭代聚类法是应用最为广泛的分类技术。聚类分析法把性质相近的个体归为一类，使同一类中的个体具有高度的同质性，不同种类之间的个体具有高度的异质性。聚类分析广泛应用于探测性研究，最终结果是产生研究对象的分类，通过对数据的分类研究可能产生假设。

3. 其他方法

（1）成本收益法。从经济效率的角度来看，在一个很微小的点上，或者在由无限个时间点构成的很长时期里政府不应当运用不能提高垄断行业效率的改革政策。如果一项改革政策的收益没有超过它的成本，很显然，政府就不应该采用这种政策。理论上，政府要使改革的净收益最大化。这个净收益是收益和成本之间的差额。因此，此时改革政策的目标应该是收益最大化，或者成本最小化。

（2）运筹学分析法。当前，广泛应用于绩效评价的运筹学方法主要是数据包络分析（DEA）方法，这种方法是由著名运筹学家 Charnes 和 Cooper 等在"相对效率"概念基础上发展起来的，它使用数学规划模型比较决策单元之间的相对效率，从而对决策单元的绩效做出评价。

（3）专家评分法。专家评分法就是对垄断行业改革政策中各因素的功能进行专家评分。该方法适合于那些不能用货币计价的指标。通常在政策因素中，功能重要的政策因素单位分值就高；功能次要的政策因素单位分值就低。该方法的主要目标是把一些不能定性评价的问题转化为定量数值以便进行数学运算和加总。这种方法的评价标准一般是政府改革政策的执行纲要、政策目标、法律规定或者通过历史纵向、横向比较。虽然专家评分法带有一定的主观性，但是世界银行和 OECD 等国际组织广泛采用该方法评价其成员国的规制改革情况。

（4）对比分析方法。对于政策效果评价可以使用对比分析方法。对比分析方法主要是指按同一法则标准，将两个或两个以上同类或相近的事物进行对比分析，寻找它们的共同点和差异点，在此基础上，依据已知事物的性质和特征来分析和推测未知事物的性质和特征。对比分析方法主要分为纵向对比分析和横向对比分析。纵向对比分析主要侧重于不同时期对某一事物的不同性质和特征的比较。横向对比分析则侧重于同一时期对某一事物的各种性质和特征进行的比较。对于规制政策效果分析而言，可以将实施这种政策与未实施这种政策的地区的行业或者经济发展水平对比，从而观察这种政策的效果如何；可以对同一地区按照历史时间顺序进行对比，观察在该地区的发展过程中，随着政策的实施，其经济发展水平是否越来越高；还可以将本地区与国外地区的发展水平进行对比。

第六节　规制效果评价相关理论简要评述

垄断产业规制效果评价是以规制经济学相关理论为基础，利用定量的分析方法对垄断产业规制目标实现程度的一种评价。规制效果评价主要是对垄断产业的经济性规制效果评价，即对经济性规制的政策及结果等进行评价，通过价格制定、市场进入、法律法规、规制机构独立性等方面来考察规制机制的变量对规制结果的影响程度，以此作为规制政策制定、选择、重评估的基础。由于社会性规制越来越重要，也应该注意对社会规制效果的评价。

进行垄断行业规制效果评价首先要明确评价目标，目标不明确就不知道效果如何。其次，在设计规制效果评价标准和指标时，要结合每一个产业的实际和政府规制目标设计指标，尽量全面、准确地衡量规制目标。最后，在选择测量规制效果方法时，一方面要考虑方法的科学性，另一方面要考虑数据的可得性。只有选择科学指标和方法，才能评价出正确的规制效果。在评价规制效果时，要注意观察现在的规制效果是政府规制所引起的，还是其他因素所引起的。

本书主要是对发电行业规制效果中的规制政策实施结果的评价，是一种间接规制评价，规制制定和实施不在评价之列。在规制效果评价中，本书侧重于对经济性规制改革中竞争改革和规制改革效果的评价；对于社会性规制效果评价只评价环境性规制效果。发电行业与环境保护密切相关，因此在方法的选择上侧重于计量经济学、统计学、运筹学分析方法。同时，本书在对规制效果评价时参考了国内外许多规制经济学方面专家的科研成果，尽量选出适合的方法，以保证结果的科学性。

第三章
中国发电行业及其规制体制现状分析

发电行业是由各种形式的发电企业组成，其中主要包括火力发电企业、水力发电企业、原子能发电企业、可再生能源发电企业（如风能和太阳能等）等。1949~1978 年，中国发电行业缓慢发展，自 20 世纪 80 年代以来，中国政府对发电行业进行了几次改革，发电行业得到迅速发展。

本章主要介绍发电行业的特征，接着分析中国发电行业的发展历程和现状，然后分析发电行业的规制改革的原因和规制体制现状，最后得出相关结论。本章主要目的是在了解发电行业特征、发电行业现状、发电行业规制改革的原因和规制体制的基础上，为下面章节的实证分析奠定资料和数据基础。

第一节　发电行业的特征

一、发电行业的技术特征

1. 发电行业受电力产业系统约束

电力产业是一个将一次能源转化为电能，并输送和分配到用户的一体化系统，该系统主要由发电厂、输电网、配电网和电力用户组成。输电网和配电网统称为电网，是电力产业的重要组成部分，其中输电网是网状的，电流可以双向流动，输送较高等级的电网，是电力系统的骨干网络。配电网呈辐射状，电流只能单向流动，输送较低电压等级的电网。发电厂是一个将一次能源转换成电能，通过电网将电能输送和分配到电力用户的生产系统。这样电能通过该系统完成电能从生产到消费的整个过程（王俊豪、肖兴志和唐要家，2008）。除了上述主要部分外，电力系统还包括其他保证电能安全输送和分配的保护装置、调度自动化系统和电力通信等辅助系统。从技术特征看，发电行业是电力行业的首要环节。但是，由于电力行业是一个网络系统，发电行业的电力产品的运输和销售离不开电网和用户，并受电网系统的约束，电网技术、电网规模和消费者需求制约着发电行业的发展。

2. 发电行业的产品（电力）不可储存

电力是一种无法大量、经济存储的特殊产品，因此发电市场一个重要的技术特征是电力产品必须实时保持平衡。如果发电量供不应求会影响电力系统的稳定性；反之，如果供过于求，会造成电力系统故障。因此，发电、供电和用电几乎是同时完成的。电力产品这种特殊技术特征与其他能源不同，如煤炭、石油、天然气、核能等，这些能源都是可以存储的，因此它们可以根据市场需求的变化调整库存，从而能够达到平抑市场需求变动导致的市场价格变化。与这些能源不同，电力的不可存储性可能导致竞争性市场条件下价格的大幅度波动。

3. 发电成本受电源影响较大

电力生产是靠一次能源转化而成的。根据电源的不同，发电可以划分为火力发电、水力发电、原子能发电、新能源发电（如地热、风能、太阳能）等几种类型。由于投入能源和发电设备的不同，不同类型的发电厂在发电成本方面具有较大差异。按照成本从低到高排列依次为太阳能、风力、水力、核能、火力、天然气、燃油等发电。

二、发电行业的经济特征

1. 规模经济

理论和实践证明，发电行业具有一定的规模经济性，即规模越大的发电厂，平均单位成本就越低，较小的机组效率较低，核电厂的规模经济更为突出。Joskow 和 Schmalensee （1983）指出，化石燃料发电厂的最低有效规模约40万千瓦，加上多部门经济运行电厂影响最小规模约80万千瓦[①]。刘阳平、叶元煦（1999）认为，20世纪90年代末，中国电厂的最小有效规模大约是60万千瓦。当前，专家估计化石燃料发电厂的最低经济规模是80万千瓦。发电行业的规模经济和发

---

① 但是随着技术的发展，人们发现并不是机组越大规模经济越强，由于技术的发展（尤其是燃气联合循环发电技术的发展），小型发电机组的发电成本已大大降低。

电技术、装置规模有很大关系，火电、水电和核电的规模经济水平各不相同。一般来说，发电行业的规模越大，劳动生产率就越高，较小的发电机组效率较低。一般情况下，随着装机容量的增加，火电机组发电煤耗、烟尘、二氧化碳和其他污染物的排放量将会减少。

2. 外部性

外部性是发电行业的另一个经济特征。从正的外部性来看，发电行业作为国家的先行产业，与国民经济的发展及其他行业有着特别密切的关系。发电量增长是国民经济持续、快速、健康发展的一个重要保证。从负的外部性看，因为发电行业投入能源主要是煤炭、石油、天然气等矿物燃料、核能、风能、水能，这些能源都与环境污染有关，如矿物燃料，除了存在不可再生、未来将被耗尽的问题外，还释放二氧化碳、二氧化硫、氮氧化物和其他污染物。这些污染物会导致温室效应和酸雨，造成重大环境污染。核事故更是会对环境造成灾难性的破坏。有效控制污染需要投入脱硫设备等，以排除污染物，或利用低污染的天然气和非化石燃料代替煤炭作为发电原料。此外，水电的使用能够有效避免很多环境问题，但使用不当也会影响生态平衡。

3. 自然垄断性

对于发电企业来说，即使在一个独立的区域性电网内，也不能只建一家电站，从供电的安全性和可靠性角度考虑，也需要对电源结构和布局做多能源化安排。因此，从这个角度来看，电力生产不具有自然垄断性。但是，当前在中国一些地区，基本都是一个发电企业占垄断地位，即使在发电侧不断引入竞争机制，我国发电行业仍有一定的垄断性，只是较弱，可以说是一种弱自然垄断性行业。

4. 资产沉淀性或专用性

在发电行业中，资产沉淀性或专用性是指生产电力的设备和传输电力的网络等固定资产投资只能用于发电行业，投资一旦形成就很难转移到其他行业。资产沉淀性决定了投资于发电行业的固定资产，风险和代价很高，一旦投资失败，就要承担巨额的亏损。与其他竞争行业相比，发电行业需要巨大的固定资产投资额，投资者需要承受较大风险，这些特性导致了发电行业的进入壁垒较高，一般中小规模的私人资本和外资资本很难有实力进入该行业，同时这种特性为在位企业获得垄断地位提供了一定程度的保障。

第二节　中国发电行业发展过程及其现状

发电行业发展过程及其现状主要描述发电量、电源结构、价格、发电煤耗的发展过程，本节主要为后面章节构建模型和进行评价奠定基础。

一、发电量和装机容量情况

如图 3-1 所示，中国发电量总体上处于上升趋势。从发电量和同比增速看，中国发电量增长可以分为以下几个阶段：第一阶段是 1980 年以前，中国发电量处于缓慢增长阶段，而且同比增速变动幅度较大，整体是曲折发展态势。1950 ~ 1960 年，中国发电量由 46 亿千瓦时增长到了 594 亿千瓦时，10 年增长了近 12 倍，此时中国发电行业起点很低，还未进行大规模电力建设。1960 ~ 1965 年，中国发电行业出现了负增长，电量增长停滞，这与当时经济发展状况相关。这一阶段中国发电行业波动较大，与中国对发电行业实行严格的进入规制且缺少发展基金有关，也与中国当时经济发展波动、缓慢有关。另外，该阶段的发电行业政策变动也较大。第二阶段是 1981 ~ 1989 年。这一阶段，中国发电量增长与以往相比有所加快，但还是较慢，且在 1989 年增速出现明显下降。在该阶段，随着发电行业进入有所放松，总体还是国家垄断经营。这一阶段也出现过拉闸限电，影响了生产和人民生活。第三阶段是 1990 ~ 1998 年。在这一阶段，中国发电量迅速增长，在有的年份同比增速达到了 10% 以上。但到 1998 年，由于亚洲金融危机，中国的发电量出现了下滑。第四阶段是 2000 ~ 2013 年。进入 21 世纪以来，中国经济进入 10 年左右的超高速增长期，2012 年增速回落到 8% 以下。与中国经济高速增长同步，中国电力工业也进入快速发展阶段。该阶段由于中国对发电行业进行了放松性规制，尤其是成立了五大发电集团，这些电力集团在各地"跑马圈地"，成立了很多地方性发电企业，促进了中国发电量迅速增长。但到 2009 年下半年，受金融危机影响，发电量同比增速下滑到 10% 以下。2010 年，受经济发展拉动，发电量又快速反弹，全国发电量达 42278 亿千瓦时。2000 ~ 2013 年，中国发电量从 13556 亿千瓦时增长到 54316 亿千瓦时，13 年间增长了 3 倍，整体增速较快，但是 2003 ~ 2004 年也曾出现过电荒。第五阶段是 2013 年至今，中国经济增速开始缓慢下行，发电量也随之下降。其中，2015 年增幅最低，自 2016 年起，中国发电量恢复增长。总体来看，中国发电量增长是较快的，由

1952 年的 72.6 亿千瓦时，增加到了 2018 年的 71117.7 亿千瓦时，是 1952 年的 974 倍。尤其是在 1980 年中国对发电行业实行了放松规制后，发电量的增长速度加快；2003 年之后，中国发电量的增长速度进一步加快。从中可以看出，中国发电量的增长主要与国家宏观经济发展以及发电行业进入规制政策有关，这些变量的变化导致了发电量波动增长。

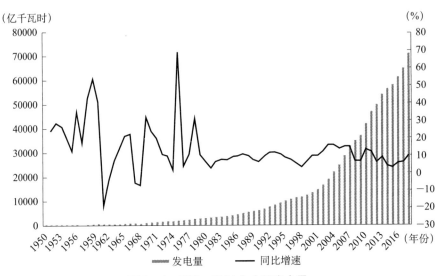

图 3-1　1950～2016 年中国发电量

如图 3-2 所示，中国发电行业装机容量总体呈上升趋势，同比增速与发电量呈一样的趋势。装机容量指的是一个发电厂或一个区域电网具有的汽（水）轮发电机组总容量，一般以"万千瓦"或"兆瓦（即千千瓦）"为单位，是功率单位。因此，装机容量代表了发电能力，二者是一种正相关的关系。从同比增速来看，1989 年之前，同比增速呈波动增长趋势。1990～2002 年基本在 10% 左右。2002 年厂网分开后，中国发电行业的装机容量呈快速增长趋势，基本在 10% 以上，并于 2006 年达到了 20%，这表明厂网分开后，中国各大发电集团加大投资，并增加了装机容量。2008 年、2009 年和 2010 年，同比增速回落到 10% 左右，这与金融危机有关。2010～2018 年，装机容量增速波动下滑，2018 年装机容量为 189967 万千瓦，是 1952 年的 964 倍。

二、发电行业的电源结构

电力工业以各种一次能源为原料，其发展与能源大环境直接相关，与国家能源禀赋及能源发展战略相吻合。受资源条件影响，中国形成了"以煤为主"的

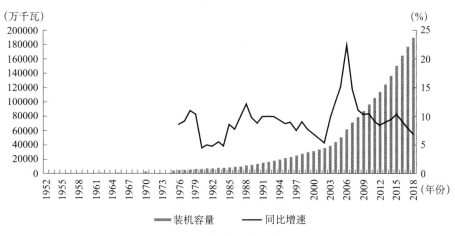

图 3-2　1952~2018 年中国装机容量和同比增速

注：由于部分装机容量缺失，从 1975 年开始计算同比增速。

能源结构，煤炭在能源供应中所占比重远高于其他国家，与欧美国家"石油为主，煤炭、天然气为辅，水电、核能为补充"的情况差别显著。通过燃烧化石料，使化学能转化为热能，再将热能转化为机械能而驱动发电机发电的通称为火力发电，主要包括燃煤、燃油和燃气发电。水力发电是利用江河水流的水量和落差（势能）来发电的，通过修筑闸坝挡水增加水的势能，把水流引进水电站厂房，强大水流带动水轮发电机组旋转，同时完成水能—机械能—电能的转换过程。由于水能属于一次能源，电力为二次能源，水力发电同时完成一、二次能源开发，这与火电发电不同。核能发电的基础是核反应。核反应分两类，即核聚变和核裂变。从目前的技术来看，尚不能长期、稳定地获得核聚变能量，因此还不能被用来发电。当前能被用来发电的核技术均为核裂变技术。核裂变产生的能量由冷却剂带出核反应堆，利用被带出的热量制造高温高压的蒸汽，推动汽轮机生产电能。核电站的主要类型有压水堆核电站、沸水堆核电站和重水堆核电站。中国的运行、在建及规划中核电站均为压水堆核电站。在可再生能源发电方面，《中华人民共和国可再生能源法》规定，可再生能源是指风能、太阳能、水能、生物质能、地热能、海洋能等非化石能源。风力发电机组是将风能转化为电能的机械、电气以及控制设备的组合，通常包括风力机（风车）、发电机、变速器、控制设备和储能设备。太阳能发电系统从发电原理上分为太阳能电池（光伏）发电系统和集热发电系统。太阳能电池发电系统的原理是将太阳能通过电子元件直接转化为电能；集热发电系统的原理是将太阳能热能通过物理手段集中，再将热能转化成机械能和电能。生物质电厂和常规火电厂原理基本相同，区别在于所用的燃料不同，常规火电厂的燃料是煤、油、天然气等化石燃料；而生物质电厂的燃料是生物质秸秆。可再生能源发电的好处是污染环境较少，但其不利之处在于发电成本较高，而且有时发电不稳定，不利于使用和运输。

如图 3-3 所示，1952 年以来，我国火电发电量一直占 70% 左右；水电发电量约占 30%；其他电源，如核电、风电、太阳能发电所占比例较低。2018 年全国发电量 69940 亿千瓦时，水电约占全口径发电量的 17.63%，火电发电量占 70.39%，风电发电量占 5.23%，核电发电量占 4.21%（见图 3-4）。从中可以看出，火电还是中国当前的主要电源。

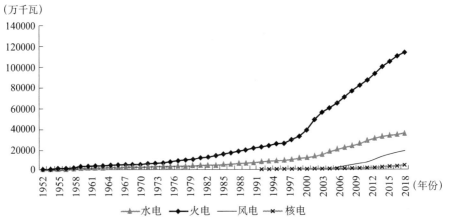

图 3-3　1952～2018 年中国水电、火电、风电和核电装机容量

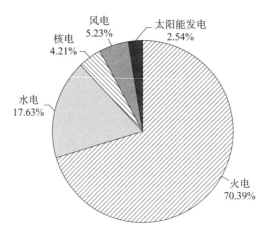

图 3-4　2018 年中国水电、火电、风电、太阳能发电、核电发电量比重

如图 3 – 5 所示，1952 年以来，我国火电装机容量一直占 80% 左右，水电装机容量约占 20% 。截至 2018 年底，全国发电装机容量 189967 万千瓦。从发电总装机容量构成来看，水电装机容量占总装机容量的 18.55% ，火电装机容量占总装机容量的 60.21% ，核电装机容量占总装机容量的 2.35% ，并网风电装机容量占总装机容量的 9.7% ，太阳能发电装机容量占总装机容量的 9.19% 。

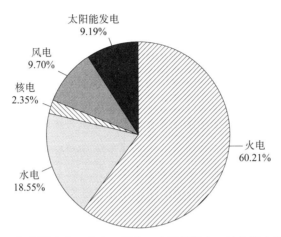

图 3 – 5　2018 年中国水电、火电、风电、太阳能发电、核电发电装机容量比重

三、发电煤耗情况

根据投入能源的不同，通常将发电分为火力发电、水力发电、核能发电和新能源发电，如利用太阳能、地热能、风能等其他几种类型的能源发电。由于投入的发电设备和能源不同，尽管最终的产品是相同的，但不同类型发电厂的成本差异较大。中国 80% 以上的发电量是火力发电，火力发电主要使用矿物燃料，如煤炭、石油、天然气，其中煤为主要燃料来源。燃煤机组受两个约束成本制约：一是机组规模因素，二是煤炭价格的因素。随着火电厂单机容量的增加，火电机组供电煤耗下降，劳动生产率越高。例如，5 万千瓦火电机组单位供电煤耗约 440 克标准煤，10 万千瓦火力发电机组单位供电煤耗约 418 克标准煤，20 万千瓦火电机组单位供电煤耗约 357 克标准煤，30 万千瓦火电机组供电煤耗约 340 克标准煤，60 万千瓦火电机组供电煤耗约 320 克标准煤，100 万千瓦超临界火电机组供电煤耗约 290 克标准煤。煤炭成本约占电厂总成本的 60% 。在发电厂内，发电机组把一次能源转变为电能，进而完成电力系统运行的几个环节。如图 3 – 6 所示，1952 年以来，中国发电煤耗呈下降趋势，由 1952 年的 727 克标准煤下降到 2018 年的 290 克标准煤。

（克/千瓦时）

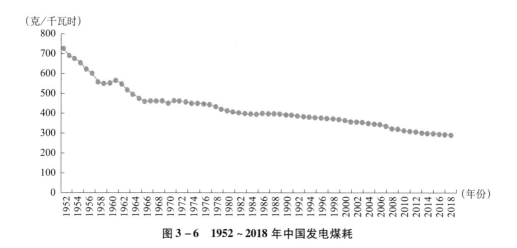

图 3 - 6　1952 ~ 2018 年中国发电煤耗

四、发电行业的电力价格情况

电力价格直接影响工商企业生产成本和人民的生活成本，而电力行业大多是垄断性行业，在定价上具有一定垄断性，且电力有一定的公共物品属性，因此为了避免电力企业定价过高，影响企业的生产活动和人民的生活，政府会对电力价格进行规制。但是，由于电力行业供求关系逐渐转变，政府也要不断进行电价改革。中华人民共和国成立以来，我国电价改革大致经历了以下六个阶段：第一阶段是计划经济下的统一指令价格时期（1980 年以前）。在该阶段，电源和电网由中央政府出资建设，电力行业发、输配、售一体化，国家实行指令性电价，只有针对最终用户的销售电价，实行照明、普通工业、非工业、大工业用电电价几大类。20 世纪 60 年代以后，我国全国电价水平基本统一，对某些耗电高的工业和农业生产用电实行了优惠电价。十一届三中全会以后，销售电价局部进行调整，部分实行了季节电价和峰谷电价。电价制定主要考虑维持设备折旧和直接运营费用，只维持简单再生产，不包括投资回报。发电企业没有定价权，以统收统支为特征，电价并没有反映电力生产成本，背离了其内在价值，完全是为国家经济发展目标服务。第二阶段是电价市场机制探索时期（1980 ~ 1985 年）。这一阶段受到改革开放的影响，电价的形成机制开始踏上价值回归之路。第三阶段是价格指令性价格、指导价格共存时期（1986 ~ 1997 年）。该阶段的电力供给紧张，因此国家陆续出台《关于鼓励集资办电和实行多种电价的暂行规定》及电价随燃运加价浮动的重要政策，鼓励地方、部门和企业投资建设电厂，投资主体多样化，由原来的单一制改为多家办电的形式，形成了多种指导性定价与指令性价格并存的局面，对电价规制有一定程度放松。第四阶段是电价规制的调整时期（1998～2002年）。电价政策由"经营期定价"政策调整为按"社会平均先进成本"定价，同时统一规范了电力企业的资本金收益率水平。第五阶段是竞价上网时期（2003～2013年）。该阶段主要根据2003年国务院发布的《电价改革方案》提出了在不具备垄断条件下的发电和售电环节放松规制，引入市场竞争，发挥竞争机制，确定了上网电价和销售电价的市场竞争机制。第六阶段是输配电价格市场化改革时期（2014年至今）。2014年10月起，国家发展改革委会同国家能源局按照"先试点、再推广"的改革思路，在深圳、蒙西试点的基础上，研究制定了《输配电定价成本监审办法》和《省级电网输配电价定价办法》，指导省级价格主管部门和相关机构分三个批次有序推进省级电网输配电价改革，全面完成了省级电网输配电价改革。同时，坚持市场化方向，按照"管住中间、放开两头"的体制架构，进一步深化燃煤发电上网电价形成机制改革。2020年1月1日起，取消煤电价格联动机制，将燃煤发电标杆上网电价机制改为"基准价＋上下浮动"的市场化价格机制。依据新机制，电价由发电企业、售电公司、电力用户等市场主体协商决定。

长期以来，我国实行电网企业统一购电、统一售电的经营模式，电网企业通过收取销售电价和上网电价的价差维持生产经营、获得利润。这种统购统销的模式，主要有三方面的问题：一是用户与发电企业不能直接见面，双方不能协商确定电量、电价，无法通过竞争激发市场活力；二是没有按照"准许成本加合理收益"的方式，对属于网络型自然垄断环节的输配电建立科学的价格监管办法，电网企业成本、收益是否合理不够明确；三是各电压等级购销价差水平不合理，存在不同电压等级、不同类别用户之间的交叉补贴。从表3-1可以看出，中国发电行业的平均购买价格与评价销售价格相差大约30%，购买价格是电厂发电所得，销售价格是输、配、售电所得，中间差额一般为弥补电网企业成本，剩余部分为其利润。可见中国发电行业的购买价格和销售价格一直在上涨，而且上涨速度较快。同时煤炭工业价格指数波动较大，但也处于一种波动上升中，这影响电价、发电成本和发电企业利润。

从表3-1可以看出平均上网电价一直处于上升趋势，但近年来有下降趋势。可再生能源发电价格也处于下降趋势，且水电已经低于平均上网电价，风电、光伏、生物质发电上网电价还较高，但也处于下降趋势。

表 3 - 1　2006～2018 年平均上网电价、销售电价　　　单位：元/千千瓦时

年份	平均上网电价	平均销售电价	风电	核电	水电	燃煤	光伏	生物质	燃气
2006	330.53	499.32							
2007	336.28	508.51	617.58	436.23	244.04				
2008	360.34	523.10	542.48	449.24	266.06				
2009	381.99	530.72	553.61	429.39	245.18				
2010	384.56	571.22		432.20	291.20				
2013		635.49	562.31	436.15	283.19	427.01	1064.37	720.23	795.92
2014	398.65	647.05	597.67	437.67	297.76	418.77	1075.82	846.14	882.45
2015	388.25	644.16	573.99	435.76	275.19	402.91	926.72	705.05	737.03
2016	370.97	614.83	564.72	421.06	264.60	362.37	938.21	745.02	695.09
2017	376.28	609.10	547.77	401.37	267.89	367.65	874.71	691.81	607.23
2018	373.87	599.31	529.01	395.02	267.19	370.52	859.79	677.99	584.10

资料来源：Wind 数据库和 2013～2018 年度全国电力价格情况监管通报。

从图 3 - 7 中可以看出，近 30 年来，价格指数上升幅度较小，但是并不平稳，波动幅度较大。近年来，电力工业品价格指数和煤炭工业价格指数呈下降趋势。

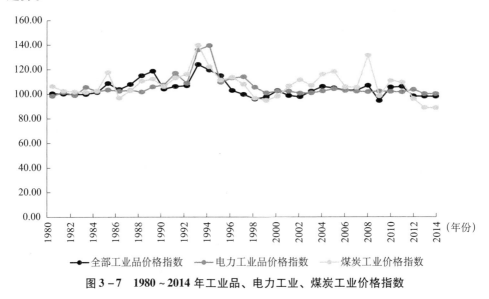

图 3 - 7　1980～2014 年工业品、电力工业、煤炭工业价格指数

第三节　中国发电行业规制改革过程及其动因

传统电力产业作为一个具有规模经济性和网络经济特征的业务整体实行垂直

一体化经营。首先，因为电力这种商品的不可存储性要求做到发电、输电、配电和售电的平衡，需统一协调控制；其次，电力成本缺乏需求弹性，且无替代品，电力供应商完全有可能通过降低发电量并通过抬高价格来获得超额利润；最后，电力产业的规模经济性和成本的沉没性等自然垄断属性也抬高了进入壁垒。这种经营方式的优点是防止电力产业的过度竞争和电力网络的重复建设。然而电力产业并非完全的自然垄断产业，其输电和配电业务具有自然垄断性，而发电和供电业务具有竞争的可能性。输电业务与配电业务具有典型的网络产业技术经济特征，存在巨大的沉没成本和较强的成本弱增性，即一旦新企业参与竞争，必然会因生产成本的增加而提高产品或服务的价格，同时由于在位企业自然垄断的优势，竞争的结果必然是在位企业把其他竞争者驱逐出市场。但由于巨大的沉没成本，行业内的企业事实上存在很高的退出壁垒，过度竞争必然会破坏网络的完整性和统一性，导致社会成本的巨大浪费。因此，从效率的角度来看应由政府特许一家最有效率的企业垄断经营。而发电和售电业务则相对不存在明显的成本弱增性和巨大的沉没成本，企业进出市场是比较自由的，潜在进入者能够根据现有企业的价格水平和自身的条件评价盈利前景并采取适当的进入策略。除了资本市场的放开以外，还需要借助相应的放松规制的政策和法规。

随着专家学者对自然垄断含义认识的加深，以及发电行业的技术、需求的迅速发展，发电行业的自然垄断性质也慢慢转变，由原来认为电力行业的发、输、配、售电四个阶段都为自然垄断行业，逐渐转变认为发电行业不属于完全的自然垄断行业，而可以成为竞争性行业。因此，各国踏上了对发电行业规制改革、市场化、私有化改革之路，国家对发电行业的规制体制也随之发生了变化。

1978 年以前，中国发电行业基本属于一种政企合一的行政管理体制。中华人民共和国成立之初，百废待兴，物资短缺，发电行业属于国民经济的基础行业，为了保护国家电力工业，并促进发电行业能够尽快进入正轨航道发展，只能对发电行业实行政企合一的行政管理体制。开始时中国的发电行业归燃料工业部管理，后来虽然经过几次调整，成立电力工业部、水利电力部，以及中央收权和放权，但一直没有改变管理方式。这一时期，发电行业的发电装机容量从 1949 年的 185 万千瓦，年发电量 43 亿千瓦时，发展到 1979 年的 6302 万千瓦，2820 亿千瓦时，这与当时经济发展对电力需求相比还有很大缺口。这也成为对发电行业进行规制改革的一个主要原因——满足经济发展需要。对发电行业的规制改革就是在这样的生产基础和管理基础上进行的。

1978 年以后，为了满足经济发展需要，弥补建设资金，对发电行业进行了规制改革。对于发电行业规制改革的初始动因源自对建设资金的需求,这也是中国大部分垄断行业规制改革的初始动因。为了促进经营积极性,解决发电行业建设资金短缺以及为了实现电力供需均衡,国家对发电行业的价格水平和结构、投资主体限制不断进行调整。1985 年开始实行以"电厂大家办,电网国家管"为原则的"集资办电"政策以吸引私人资本和外资进入发电行业建设发电厂,并对发电厂实行"还本付息"的价格以激励投资者投资发电厂。在这一阶段,合资企业、合作和外商独资发电项目得到快速发展。这些改革促使许多类型企业进入发电行业,基本形成投资主体多元化格局。这是中国发电行业规制改革的第一阶段。这一阶段一直持续到 1997 年,发电量和装机容量同比增速平均为 10% 左右。

1997 年以后,中国开始对发电行业进行第二轮规制改革,其目的是解决电力行业的管理体制矛盾,试图从深层次的制度和体制层面上进行改革,消除行政垄断,引入各类投资者和市场竞争机制,激发投资者的热情。主要是通过自上而下的管理体制改革,即有步骤地撤并电力行业的政府管理机构,并按照行业的特性对垂直一体化的电力行业进行横切竖割,横切就是横切发电资产,形成了五大发电集团,竖割就是竖割电网、发电和辅业资产,从而形成了两大电网集团公司、五大发电集团和四大辅业集团,并对这些集团公司实行政企分开,按照现代企业制度建立公司管理制度并在 2002 年设立了国家电力监管委员会。这样整个电力行业形成了"1 + 2 + 4 + 5"的格局,即 1 个监督机构、2 个电网公司、4 个辅业集团公司、5 个发电集团公司。

由此可见,中国发电行业规制改革的动因有如下几个方面:一是满足经济发展需要,由于电力工业是中国国民经济的基础行业,其发展如何,影响其他产业的发展,国家必须促进发电行业的迅速发展,进而促进国民经济发展需要。二是筹集建设资金,由于国家资金有限,为了弥补发电行业资金缺口,集中多方面资金,国家对发电行业逐渐放松了进入规制和投资规制,引入民营资金和外资进入发电行业。三是消除垄断,引入竞争机制。由于发电行业属于一种弱垄断行业,一开始中国实行的行政垄断,效率和效益低下,为了引入竞争机制和消除垄断,进行结构性重组,建立多个竞争实体来促进发电行业的发展。四是世界放松性规制和加入世贸组织的大势所趋逼迫中国对发电行业进行放松规制。五是建立独立性规制机构,不断对发电行业的规制机构进行改变。只有独立性规制机构才能对发电行业健康持续发展,起到促进作用,中国一直在对发电行业的规制机构进行转变,其原因就在于此。六是技术进步因素。以前发电行业被认为是典型的自然垄断产业，基本依据电力不可储存性，要求发电、输电、配电和售电的统一平衡和调度。然而，技术的不断进步动摇了电力的这一性质和特点。随着技术进步，对机组规模要求降低，由 50 万~60 万千瓦降低到 15 万~30 万千瓦（罗斯威尔，戈梅兹，2007），技术进步也使电力输送具有可控性，促进了电流应有多功能性。随着电力技术的发展，大大降低了发电行业的前期投入成本，从而使原先规模经济点发生转移，导致其自然垄断特性发生变化。

第四节　中国发电行业规制体制分析

在本章中，发电行业规制体制主要涉及规制机构、规制制度、规制对象等。

一、规制机构

在一般情况下，规制机构不设在政府之上或者政府之外，而是设在同级政府管理部门，但是各个国家的规制机构的设立因国情而定。例如，英国、新西兰和阿根廷等国家只设国家一级规制结构，在各个地方下面设立若干个办事处，而美国设独立联邦和州两级。与这些国家相比，中国发电行业的规制机构由于独特的发展过程以及政治经济等因素而有着不同的发展历程。

从中国电力规制机构的发展过程来看，1949~1997 年，中国电力行业实行的是高度政企合一的垄断经营体制。开始时中国的发电行业归燃料工业部管理，后来虽然经过几次调整，但一直没有改变管理方式。中央政府的电力工业部门既是电力行业主管部门和政策制定者，行使行业管理和行政执法的职能，又是电力行业的生产者。自 20 世纪 80 年代以来，中国的电力行业实施放松进入规制，鼓励多元化主体投资发电企业，但是政府规制机构还是存在政企不分问题。为了从根本上解决这个问题，1997 年 3 月成立国家电力公司，从事电力生产业务。在电力工业部和国家电力公司，"一个机构、两块牌子"合并运行一年后，于 1998 年撤销电力部，在国家经贸委下设电力司，行使撤销的电力部的行政职能。根据国务院 1998 年颁布的各部委《职能配置、内设机构和人员编制规定》，国务院许多政府机构都能监督和管理电力行业。这造成国家经济和贸易委员会、国家计委、财政部和其他政府机构共同监管电力行业的状况，如表 3-2 所示。由于多家监管，经常出现职责不分、监管方法和手段相冲突等问题。为解决这些问题，迫切需要建立一个独立的综合性监管机构。2002 年 3 月，中国组建了国家电力监管委员会，它是中国设立的第一个专业性的规制垄断性产业的机构。2013年，重组国家能源局和国家电力监管委员会（电监会）为国家能源局，由国家发展和改革委员会管理，不再保留电监会。

表 3-2 电力监管的政府机构及其规制职能

政府机构	电力管理职能	管理职能中的规制职能
国家经贸委	①制定行业规划、部门规章，拟定政策法规 ②制定行业规范、技术标准、定额标准 ③发放管理许可证 ④负责电力行政执法、实行行业管理与监督 ⑤协调电力经济关系，负责供电营业区划分与管理 ⑥审批电力技改项目 ⑦负责农电体制改革，指导农村电气化	①制定行业规范、技术标准、定额标准 ②发放和管理许可证 ③负责电力行政执法，实行行业管理与监督 ④负责供电营业区划分与管理 ⑤审批电力技改项目
国家发改委	①提出电力专项发展规划 ②规划重大项目布局 ③安排国家财政性建设资金 ④审批电力新建项目 ⑤制定电价政策和核定电价，实施价格检查	①审批电力新建项目 ②核定电价，实施价格检查
财政部	①制定和监管电力企业财务制度 ②制定电力行业的财税政策 ③监管国有资产的保全	监管电力企业财务制度
其他部门	①环保部门负责监管环保排放标准 ②工商部门核定企业经营范围 ③技术监督部门监管电能计量标准等	同左

资料来源：中国基础设施产业政府监管体制改革课题组．中国基础设施产业政府监管体制改革研究报告［M］．中国财政经济出版社，2002：273．

从中国发电行业规制机构变化的过程来看，如图3-8所示，国家电力监管委员会的职责和职能还没有发挥出来，因为有些部门的移交工作尚未完成，原有的规制体制还未发生实质性变化，多家规制的局面依然存在，如国家发改委、经贸委、环保等部门都对发电行业具有一定的规制职责。尤其在价格规制方面，国家发改委还是处于主导地位，突然取消发改委的价格管制或者转移给电力监管委员会是不现实的，因为国家发改委在各省份都有自己的价格监管系统。因此，在这种情况下，还不能把政府价格的制定权全部转移到电监会。但是，随着时间的推移，电监会的职能过渡问题必然会解决。另外，随着发电行业污染环境问题的日益突出，环境规制问题也逐渐引起了环保部门的高度重视。

因此，2013年3月，国务院机构改革方案提出将原国家能源局、国家电力监管委员会的职责整合，重新组建国家能源局。国家能源局为国家发展改革委员会管理，其中电力司主要负责拟订火电和电网有关发展规划、计划和政策并组织实

时间	1949~1997年	1997~1998年	1999~2001年	2002~2013年	2013年至今
具体管理部门	燃料工业部 水利电力部 电力工业部	国家电力公司 电力工业部	国家经贸委电力司 国家计委 财政部 环保部门 工商部门	国家电力监管委员会 国家发改委 财政部 环保部门	国家能源局 财政部 环保部门

图 3 - 8　1949 年至今电力行业监管部门的变化过程

施，承担电力体制改革有关工作，衔接电力供需平衡。国家能源局成立以来，虽然建立了各种监管规则，但与符合国际惯例的、具有相对独立性的专业规制机构仍有较大差距。发电企业已经作为一个独立的市场竞争主体，其他部门对其规制较少。随着中国对环境越来越重视以及中国电力区域之间、发电企业之间竞争和电力之间的互通成为未来的重要问题，对于发电行业的监管，未来要关注发电行业市场结构尤其是区域市场的市场结构，避免在区域市场中形成一家垄断局面，此外还要关注环境问题，加大对发电企业环保问题的监管。

二、规制对象

电力规制的主要对象是发电企业、电网企业和供电企业。

在发电企业发展历史上影响较大的变革有两次：一次是 1984 年的"集资办厂，多家办电"政策。该政策改变了 1984 年以前中国发电资产均为国有的状况，在其引导下，出现了多种投资主体独资或者合资建设的发电厂。另一次是 2002 年的"厂网分开"改革，对国有资产进行了拆分。在该政策引导下形成了五大发电集团、国家直接投资的电力资产（如三峡和二滩等）及一些地方能源公司、小水电、火电厂等发电企业。这些类型的企业构成了中国当前的发电企业，可见中国发电企业的类型相当复杂。截止到 2016 年 8 月，中国发放拥有 6000 瓦以上的发电类许可证 8077 家。

输电环节一般被认为具有自然垄断性质，因此大多由国家垄断经营。2002 年以前，国家电网公司既负责电力输送又负责发电，是一家电力一体化公司。经过"厂网分开"改革，中国电网被划分为国家电网公司和南方电网公司。其中，国家电网公司下设 5 个区域电网公司，主要负责华北、东北、华东、华中和西北区域电网间的电力交易、调度，区域电网投资与建设，并经营管理电网，保证供电安全。区域内的省级电力公司可改组为区域电网公司的分公司或子公司。南方电网公司则主要负责广东、海南和原国家电网公司以在广西、贵州、云南所属电网资产为基础组建的国有企业，由中央管理并在国家实行计划单列。

2016 年，全国从事省级及以上输电业务的企业共计 40 家，其中省级输电企业 32 家。按照现行管理体制，我国国家电网公司为跨区域超大型输电企业，业务范围涉及 26 个省（自治区、直辖市），是世界上规模最大的输电企业。中国南方电网有限责任公司（以下简称南方电网公司）为跨省的区域性输电企业，业务范围覆盖 5 个省（自治区）。内蒙古电力集团有限责任公司为地方国有输电企业，主要负责内蒙古西部地域输电业务。

供电企业是指在某一个区域内从事配电和售电业务的企业。由于配电和售电业务多且分散，供电企业数量较多，企业类型和经营形式较为多样。将供电企业按所有制划分包括中央国有、地方国有、私营、股份制等多种类型；按经营管理形式可划分为直管、代管、独立经营等类型；此外还存在"自发自供"及"转供电"等特殊业务类型。截至 2016 年 8 月，全国累计颁发供电企业许可证 3017 家，除部分偏远地区及少数供电营业区存有争议的企业外，基本实现了持证经营。

三、规制制度及其特征

中国现行发电行业规制体制与其他市场经济国家有诸多不同之处，中国政府规制体制形成并不是为克服自然垄断和信息不对称。当前，中国对发电行业的经济性规制本质上仍然是传统计划经济体制性政府对垄断产业实施行政垂直管理的延续（夏大慰，史东辉等，2003）。虽然，改革开放以来，中国发电行业的政府规制体制及其规制模式发生了不同程度的变化，如简政放权、政企分开、公司化以及有关政策法制化，但是出于各种原因，计划经济时期所形成的政府规制体制没有发生实质性变化。发电行业规制体制仍然沿袭着传统的行政管理模式。中国对发电行业实行的规制制度主要有进入规制、价格规制、法律法规规制、环境规制等，这些规制制度具有以下一些特征：

1. 形式上放松进入规制，实则较严

中国对大部分垄断产业的规制普遍较严。中国发电行业自产生以来，就对其进行严格进入规制。虽然后来放松了进入规制，但是有一些无形力量和以前制度惯性依然使进入规制较严。在发电行业中虽然没有相关法律和法规明确规定进入规制的程度，但是规制机构实际上不仅严格控制新进入企业数量，而且对于非国有企业以及新进入国有企业长期实行有别于原有国有企业的进入规制政策。

自 1985 年以来，中国发电行业出台了许多法律或者文件，明确支持民营和外资企业进入发电行业，并提供与国有发电企业平等竞争的平台，如国 36 条、新国 36 条等。但是，民营企业和外资企业进入发电行业还是有重重阻碍，尤其在当前的注册制度、市场准入、审核等方面依然存在不少阻碍民营企业和外资企业进入的无形限制。在这种规制体制下，规制机构与国有企业之间的特殊"父子关系"或者"兄弟关系"易导致政企不分。

2. 不公平、低效的严格价格规制

当前，中国大部分自然垄断产品的价格产品属于严格国家定价或者国家指导价，自然垄断企业没有自主的定价权，如电价、水价、燃气价等。政府对这些产品价格规制的目的是避免垄断企业利用垄断地位定高价，保护消费者福利。价格规制的一般手段是价格上限。但是，中国的价格规制却常常出现政府规定的价格下限，即要求被规制企业的产品价格不低于某一个价格的现象，而这个价格下限一般较高。这种价格规制实际上是偏向被规制企业，不利于保护消费者利益的。因此，虽然中国自然垄断产品价格受到政府严格限制，但是实际上偏高。发电行业的电力产品价格由政府指导价或者是电网企业竞价购买形成，但是不管何种形式，中国电价偏高。虽然，2003 年国务院办公厅颁布了《电价改革方案》，实行了差别定价和分时电价制度，建立了煤电联动机制政策，但是并没有建成市场价格形成机制，近年来电力价格水平不降反升就是一种明证。

3. 严格的投资规制

对发电行业的规制主要通过投资规制实现。企业很多投资需要上报国家相关部委。政府几乎是发电行业的唯一投资者，由于受政府财政支出的限制，无力对发电行业进行大规模投资，以适应发电行业发展需要，其结果必然使这个行业出现供求不平衡。这种严格的投资规制导致了发电行业对市场需求变动反应滞后，不能及时根据市场需求变化进行投资。近年来，中国电力短缺与过剩不断交替出现就是一个典型的事实。

4. 规制机构独立性和专业性较弱

当前，中国按照专业规制设置的规制部门，如中国按照金融行业的专业划分设置了银监会、保监会、证监会。这种专业性规制体制导致了专业分工过细、职能性质趋同、职责交叉、政出多家、多家审批、多家监管、规制成本高昂等问题。虽然2013年将国家能源局与国家电力监管委员会职责整合，重新组建国家能源局，规制权力逐渐集中，但是由于长期以来的历史沿革，与相对独立的专业规制机构还有一定差距。

5. 以经济规制为主，忽略社会规制

经济规制主要包括进入规制和价格规制。进入规制的形式主要包括国家垄断、许可、申报、审批、营业执照、标准设立，其中尤其是许可的种类繁多。我国发电行业的进入规制就是许可形式。价格规制的方式主要有法定价格、地方政府定价、行业指导、核准等。我国发电上网价实行核准形式。进入规制可能造成保护在位者的垄断利益，阻碍其他类型投资者的进入，价格规制有可能扭曲价格传递信号，误导稀缺资源的配置，因此近年来中国有放松经济规制的趋势。但是在经济性规制时要注意对其资费监管和维护该行业的市场竞争秩序，提供一个公平竞争环境以达到有效竞争，提高资源配置效率目的。长期以来，中国对涉及环境、健康、卫生、安全和质量等的社会性规制有所忽视，而这些方面对国家经济和人民生活影响很大，因此应该加强政府的社会性规制职能。

第五节　结论与启示

图3-9为中国当前的发电行业规制体制，结合该图以及前文的分析，可以得到以下结论。

（1）中国电力行业经过改革后，在发电阶段已经开始引入竞争，并逐步打破垄断，而输、配、售电阶段还处于国家垄断经营阶段。

（2）中国发电行业的发电量、装机容量近十年来上升较快，发电煤耗呈下降趋势，电价呈波动上升趋势，电力基本实现了供需均衡。中国电源结构还是以火力发电为主，占了70%左右。火电与其他能源形式电力相比一个突出的问题就是污染严重，因此应适当调节中国的电力能源结构，增加水电的比例，开发新能源。由于电源结构还需继续改善，对可再生能源发电应进行合理化投资和扶持。发电煤耗呈下降趋势，电价呈上涨趋势。

（3）中国发电行业规制改革的原因主要在于对发电行业自然垄断含义认识的变化、经济发展需要、电力技术的发展、电力需求的增加、经济发展资金的需求以及中国打破垄断、促进竞争的自然垄断行业改革的推进等。

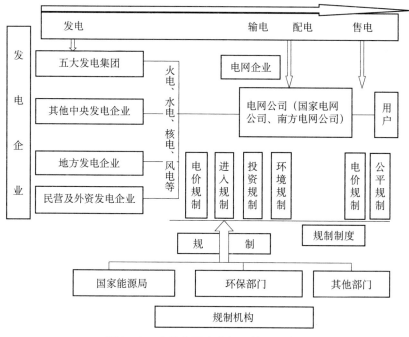

图 3 - 9 当前中国发电行业的规制体制

（4）中国电力行业规制机构正处于职能转移阶段，还有多家机构对电力行业进行规制，其中最主要的是国家电力监管委员会和国家发展改革委员会，在一些方面还存在问题。未来，国家能源局将是电力规制的主体。

（5）电力行业规制的主要对象是发电企业、输电企业和供电企业。在规制时，一方面要注意对这些企业的监管，另一方面要注意合理处理三者之间关系。尤其是，电网企业处于垄断地位，即单一购买者的角色，这对发电行业的售电价格有较大影响，政府在上网电价规制中要兼顾两者利益。

（6）中国电力行业规制制度主要有进入规制制度、价格规制制度、法律法规规制制度、环境规制制度，这些规制制度具有不同的特征且还存在诸多问题，还有很多待完善之处。尤其是电价规制制度，要逐渐转变为激励性规制制度。进入规制制度也要实质性放松。

第四章
中国发电行业产业层面规制效果的实证分析

随着电力行业体制改革的进行，中国发电行业的改革历经了国家垄断经营、缺电形势下的集资办电、政企分开、厂网分开、市场深化改革五个发展阶段。对发电行业的规制也随着中国电力体制改革的演进不断变化，由开始的一体化规制模式，发展到放松规制，引入竞争等。作为电力行业的源头，政府对发电行业管理的好坏对后续环节有重要影响。因此，对当前发电行业规制改革效果的验证对于下一步改革的方向具有重要指导意义。

本章将在借鉴前人已有研究的基础上，利用时间序列方法，基于中国发电行业1980～2017年的数据，对以上问题做进一步的探索，试图综合进入规制制度、价格规制制度、独立规制机构和法律法规框架四个方面的规制指标，从发电量、价格、利润、效率和环境五个方面验证发电行业规制效果。

时间序列方法即"以前和以后"方法可以用来分析规制环境随时间变化产生的差异。这种分析需要认定规制体制变化的时期或期间。对比规制变化前后企业和市场行为和绩效，二者的差异就被认为是规制的效应。效应通常定义为市场绩效（价格、成本、效率、利润、创新）对引进或废除规制的实际反应，这就需要体制变化前后的数据，最好能使用足够长的时间序列以免把结论建立在过渡期的反应上。

使用时间序列方法应注意须定义诸如价格、成本、技术变化率等令人感兴趣的因变量，并作为影响独立于规制的绩效和控制规制影响的外生经济特征值的函数建立模型。规制通常由一个指示观测值是从"规制的"还是从"非规制的"体制中取得虚拟变量来测定。规制效应可以从规制虚拟变量协方差的符号和大小中推断出来。

利用时间序列方法和使用企业或市场的小组数据开展研究能极大地增强规制

效应检验的说服力。笔者不期望规制对所有的企业在任何时候都有相同的效应。通过分析不同效应的决定因素和使用时间序列与截面数据的差异，可以得到更有说服力的结论。因此，本章利用时间序列方法计量分析发电行业规制效果，第五章将利用发电行业上市公司的截面数据计量分析发电企业规制效果，这样得出的发电行业规制效果结论更具有说服力。

第一节　规制效果检验标准和规制指标设计

一、规制效果检验标准

规制效果研究是对规制政策实现规制目标程度的研究，其目的是通过对现存规制政策或正准备实施的规制政策的效果进行评价，是一种政策实施后的事后政策评价，能给政府未来政策设计、实施和改进提供帮助。本书主要从经济规制和社会规制两个方面评价发电行业的规制效果。因此，借鉴 Joskow 和 Rose（1989）的研究对发电行业的经济规制效果进行计量分析。根据国内外检验规制效果的标准，笔者认为政府规制发电行业的基本目标有以下几点：一是使发电企业满足社会对其服务的需要；二是降低发电行业的运营成本和投资成本，提高其效率；三是引导电力投资者形成合理的回报率预期；四是促进电力部门合理价格水平和价格结构的形成；五是激励发电企业减少污染物排放，保护环境。因此，发电行业的规制效果可以从发电量、价格、利润、效率、环境五个方面进行验证。这种验证思路较全面地反映了中国发电行业的规制效果，并具有较强的操作性。

1. 发电量

发电量是衡量发电行业规制效果的一个首要指标。电力是企业生产的重要动力，家庭生活的必需消费品，也是中国经济高速发展的重要保障。对发电行业的许多规制措施都是为了保证发电量的迅速增长，如1985年国家实行"多家办电"政策，实际上就是对发电行业放松了进入规制，鼓励各种资金投资发电行业，促进发电量增长。

2. 价格

形成公平合理的价格是发电行业规制的另一个重要作用。公平合理的价格既要反映电力的生产成本又要反映用户的需求弹性，只有这样才既能促进电力企业的发展又能保护消费者的利益。本书选择工业电价作为反映发电行业电价水平的指标，因为该指标受电力行业的其他环节影响较小，能够反映发电的绝大部分成本。同时，中国发电行业的电价结构基本没有采用价格歧视，电价也没有充分反映用户的电压差别（夏大慰、范斌，2002）。

3. 利润

利润率是发电行业规制改革追求的目标之一。在1998年以前，中国的发电、输电、配电和售电未分开，因此本书选取电力产业的资产贡献率水平反映发电行业的利润水平。

4. 效率

效率始终是发电行业规制改革的最高目标。一般衡量效率的指标有静态指标和动态指标，在以往研究中，很多学者采用了静态指标，如唐要家（2004）、肖兴志和孙阳（2006）、于良春等（2006），但是发电行业是一个资本密集型产业，劳动生产率等静态效率指标并不能全面地体现产业经济效率。因此，本书采用非参数方法 DEA 模型中的 C^2R 模型和超效率 DEA 来测算发电行业的综合技术效率。

5. 环境

环境保护是发电行业规制的一个社会性规制目标。进入"十一五"阶段后，中国开始重视节能减排，确定了"十一五"期间单位 GDP 能耗降低 20% 左右和主要污染物排放减少 10% 的目标。对于能源短缺和人口众多的中国来说，节能减排形势相当严峻。发电行业属于中国的能耗和污染大户，因为中国发电行业还是以火力发电为主，在发电过程中产生了大量二氧化碳温室气体和二氧化硫、氧化氮等高污染气体，给环境带来巨大压力。在2006年之前，中国对发电行业几乎没有环境规制措施，这与中国发展"资源节约型、环境友好型"社会的理念相违背。因此，在当前不能改变中国火力发电方式为主状况的情况下，随着中国对环境保护的重视，以及人民环保意识的加强，对发电行业实行环境规制十分必要。

二、规制指标设计

对规制指标的描述，既应该包括规制内容，如规制什么和如何规制，又要考虑规制的整体安排和性质。规制指标设计以规制治理为基础。Levy 和 Spiler（1994）、Stern 和 Holder（1999）、Stern 和 Cubbin（2003）对高质量的规制达成了共识，认为高质量规制具有 6 个特征①。但是这 6 个特征中有些指标很难测量，有些指标较难获得，因此本书根据中国发电行业规制制度的内容，选择 4 个维度衡量发电行业的规制制度，即进入规制制度变迁、价格规制制度变迁、独立规制机构变迁、法律法规框架的变迁，并将参数设定为 0~4，而每一个维度的参数设定为 0~1，最后与对应阶段进行统计加总进而得到规制指标参数值。规制强度越高，规制参数越大；规制强度越低，规制参数越小。

1. 进入规制制度变迁

中国发电行业的进入规制可以大体分为以下四个阶段：第一阶段是严格进入规制（1949~1985 年）。在这一阶段，发电行业的进入受到政府的严格规制，实行的高度集中的统一管理。这一阶段发电企业的资金由国家计委核算调拨基金投资，资金来自国家财政拨款，投资不需要付息。第二阶段是放松进入规制（1986~1997 年）。1985 年后，中国电力出现严重短缺，为缓解电力紧缺的状况，国家放松了发电行业的进入规制。这一阶段，中国对电力投资体制进行改革，由原来国家财政拨款建设电力项目的方式改为由银行贷款建设，同时鼓励地方政府和社会各方集资办电，促进了投资主体的多元化的发展。第三阶段是严格限制进入规制（1998~2002 年）。1997 年中国电力供需达到均衡，1998 年由于金融危机的影响，电力出现过剩，1999 年电力过剩约 20%，因此国家开始对发电行业进入实行严格限制，审批资格更加严格。第四阶段是打破垄断，引入竞争（2003~2014 年）。2002 年，中国电力再次出现短缺，此后国家开始推行电力市场改革，实际上就是对发电行业的一种放松规制，在"厂网分开、竞价上网、打破垄断、引入竞争"的前提下，对中国电网资产和发电资产进行分离，组建了五大发电集团。第五阶段是深化改革阶段，在配售电侧引入竞争（2015 年至今）。2015 年，中共中央、国务院印发的《关于进一步深化电力体制改革的若干意见》指出，在发电侧和售电侧放开市场准入，引入竞争机制。

综上所述，笔者将进入规制制度变迁这一维度的指标设置如下：1985 年以前为 0.9，1986~1997 年为 0.6，1998~2002 年为 0.7，2003~2014 年为 0.5，2015 年以后为 0.3。

2. 价格规制制度变迁

中华人民共和国成立以后，中国电力产业迅速发展，中国的电价规制经历

---

① 明确的法律框架；独立的规制机构；可靠的规制者；透明性；参与性；可预见性。

了从严格价格规制到放松价格规制再到引入市场竞价的过程。中国电价规制制度发展大致可以分为以下六个阶段：第一阶段是计划经济下的严格价格规制（1980 年以前），这一阶段的价格规制实质上是计划经济条件下对终端用电价格政府行政管理价格，发电企业没有定价权。这一管理价格以统收统支为特征，电价既没有反映电力生产成本，又严重背离了其内在价值，完全是为国家经济发展目标服务的。第二阶段是规制改革的起步时期（1980~1985 年）。受到改革开放的影响，这一阶段电价的形成机制踏上价值回归之路。第三阶段是价格规制初步形成时期（1986~1997 年）。受 1985 年集资办电的影响，中国形成了多种电价制度，经过一段时期的运行，最终形成了以成本加成定价为核心的投资收益率价格规制模式。第四阶段是电价规制的调整时期（1998~2002 年）。电价政策的调整主要有由"经营期定价"政策调整为按"社会平均先进成本"定价，同时统一规范了电力企业的资本金收益率水平。第五阶段竞价上网时期（2003~2014 年）。该阶段主要根据 2003 年国务院发布的《电价改革方案》，确定了上网电价和销售电价的市场竞争机制。这一阶段电价是按成本补偿原则计算电力价格，并对上网电价进行价格规制，其中主要为最高和最低价格限制。第六阶段电力市场化阶段（2015 年至今）。2015 年电改规定，电力价格能由市场决定就全部交给市场，实行燃煤标杆电价、发电侧和售电侧引进市场化价格，政府不进行不当干预，大力推行价格简政放权，完善主要由市场决定价格的机制。

因此，本书将价格规制制度变迁这一维度的指标设置如下：1980 年以前为 1，1980~1985 年为 0.7，1986~1997 年为 0.6，1998~2002 年为 0.5，2003~2014 年为 0.4，2015 年至今为 0.3。

3. 独立规制机构变迁

从中国电力规制机构的发展过程来看，从中华人民共和国成立到 1997 年，中国电力行业实行的是高度政企合一的垄断经营体制。开始时中国的发电行业归燃料工业部管理，后来虽然经过几次调整，成立电力工业部、水利电力部，以及经历中央收权和放权，但一直没有改变管理方式。中央政府的电力工业部门既是电力行业主管部门和政策制定者，行使行业管理和行政执法的职能，又是电力行业的生产者。自 20 世纪 80 年代以来，中国的电力行业虽然实施放松进入规制，鼓励多元化主体投资发电企业，但是政府规制机构还是存在政企不分问题。为了从根本上解决这个问题，1997 年 3 月成立了国家电力公司，开展电力生产业务。

在电力工业部和国家电力公司合并运行一年后，1998 年撤销电力部，在国家经贸委下设电力司，行使撤销的电力部的行政职能。根据国务院 1998 年颁布的各部委《职能配置、内设机构和人员编制规定》，国务院许多政府机构都能监督和管理电力行业，这就造成国家经济和贸易委员会、国家计委、财政部和其他政府机构共同监管电力行业的状况。由于多家监管，经常出现职责不分、监管方法和手段相冲突等问题。为解决这些问题，迫切需要建立一个独立的综合性监管机构。2002 年 3 月，中国组建了国家电力监管委员会，它是中国设立的第一个专业性的规制垄断性产业的机构。2013 年，将现国家能源局、国家电力监管委员会的职责整合，重新组建国家能源局，由国家发展和改革委员会管理。因此，本书将独立规制机构变迁这一维度的指标设置如下：1997 年以前为 0.9，1997～2002 年为 0.7，2003～2012 年为 0.6，2013 年至今为 0.5。

4. 法律法规框架的变迁

中国发电行业走的是"先改革，后立法"的道路。1996 年以前发电行业相关法律法规以各个行政部门公布行政法规条例为主。1996 年 4 月，中国第一部《电力法》正式施行，同时一些配套法规和条例相继出台，标志着中国发电行业步入法制化管理轨道。《电力法》中与发电行业相关的内容主要是第一、第二、第三、第四章，但是该法只规定了规制主体，未涉及规制原则、对象、范围及法律责任等。2003 年，相关法律法规由电力监管委员会颁布，主要是《电力市场监管办法（试行）》、《电力市场运营基本规则》等。这些法律法规为电力市场的运行与规制提供了政策依据，但是它们与现实要求仍有差距。2015 年发布了《关于进一步深化电力体制改革的若干意见》（中发〔2015〕9 号），同时发布了一系列配套电力体制改革的相关文件。因此，笔者将法律法规制度变迁这一维度的指标设置如下：1997 年以前为 0.2，1998～2002 年为 0.5，2003～2014 年为 0.6，2015 年至今为 0.7。

综上所述，在本书中，将上述 4 个方面的规制制度的变迁加总作为衡量规制制度的指标，如表 4－1 所示。其中，规制制度变量在 1971～1979 年为 3，1980～1985 年为 2.7，1986～1997 年为 2.3，1998～2002 为 2.4，2003～2014 年为 2.1，2015～2017 年为 1.8。规制变量越大说明对发电行业规制越紧，反之说明越松。

表4－1　1971～2017年中国发电行业规制变量

年份	进入规制	价格规制	独立规制机构变迁	法律法规框架变迁	规制变量
1971	0.9	1	0.9	0.2	3
1972	0.9	1	0.9	0.2	3
1973	0.9	1	0.9	0.2	3
1974	0.9	1	0.9	0.2	3
1975	0.9	1	0.9	0.2	3
1976	0.9	1	0.9	0.2	3
1977	0.9	1	0.9	0.2	3
1978	0.9	1	0.9	0.2	3
1979	0.9	1	0.9	0.2	3
1980	0.9	0.7	0.9	0.2	2.7
1981	0.9	0.7	0.9	0.2	2.7
1982	0.9	0.7	0.9	0.2	2.7
1983	0.9	0.7	0.9	0.2	2.7
1984	0.9	0.7	0.9	0.2	2.7
1985	0.9	0.7	0.9	0.2	2.7
1986	0.6	0.6	0.9	0.2	2.3
1987	0.6	0.6	0.9	0.2	2.3
1988	0.6	0.6	0.9	0.2	2.3
1989	0.6	0.6	0.9	0.2	2.3
1990	0.6	0.6	0.9	0.2	2.3
1991	0.6	0.6	0.9	0.2	2.3
1992	0.6	0.6	0.9	0.2	2.3
1993	0.6	0.6	0.9	0.2	2.3
1994	0.6	0.6	0.9	0.2	2.3
1995	0.6	0.6	0.9	0.2	2.3
1996	0.6	0.6	0.9	0.2	2.3
1997	0.6	0.6	0.9	0.2	2.3
1998	0.7	0.5	0.7	0.5	2.4
1999	0.7	0.5	0.7	0.5	2.4
2000	0.7	0.5	0.7	0.5	2.4
2001	0.7	0.5	0.7	0.5	2.4
2002	0.7	0.5	0.7	0.5	2.4
2003	0.5	0.4	0.6	0.6	2.1
2004	0.5	0.4	0.6	0.6	2.1
2005	0.5	0.4	0.6	0.6	2.1
2006	0.5	0.4	0.6	0.6	2.1
2007	0.5	0.4	0.6	0.6	2.1

续表

年份	进入规制	价格规制	独立规制机构变迁	法律法规框架变迁	规制变量
2008	0.5	0.4	0.6	0.6	2.1
2009	0.5	0.4	0.6	0.6	2.1
2010	0.5	0.4	0.6	0.6	2.1
2011	0.5	0.4	0.6	0.6	2.1
2012	0.5	0.4	0.6	0.6	2.1
2013	0.5	0.4	0.6	0.6	2.1
2014	0.5	0.4	0.6	0.6	2.1
2015	0.3	0.3	0.5	0.7	1.8
2016	0.3	0.3	0.5	0.7	1.8
2017	0.3	0.3	0.5	0.7	1.8

第二节 模型构建及假设

本书采用 Spiller（1983）、Waterson（2001）、Cubbin 和 Stern（2004）对电信产业和电力产业规制效果的计量检验模型，同时结合肖兴志和孙阳（2006）对中国电力产业规制效果的计量模型，对中国发电行业规制效果进行分析。针对一个国家，运用时间序列模型进行研究，这与国外学者采用面板数据模型进行分析不同，因此笔者根据中国的具体情况对具体变量做出了相应的调整。本书采用的计量模型如下：

$$Y_t = \alpha + \beta R_t + \gamma X_t + \varepsilon \qquad (4-1)$$

其中，Y_t 为 t 时刻的规制效果指标；R_t 为 t 时刻的规制变量，是一个包括四个维度且取值为 0 ~ 4 的指标；X_t 为 t 时刻规制以外影响效果的控制变量，表示随着时间流逝可观测到的经济技术条件的变化；α 为常数项；ε 为误差项；β 和 γ 是待估计系数。

式（4-1）为时间序列计量经济模型。本书对总量、价格、利润、效率和环境具体的检验模型如下：

一、总量检验模型

$$LnFDL = \alpha + \beta_1 LnGDP + \beta_2 CSH + \beta_3 LnYM + \beta_4 GZ + \varepsilon \qquad (4-2)$$

其中，FDL 是发电量。发电量的增长对于保障国家经济迅速发展和人民生活具有重要作用。政府规制发电行业的一个目标就是促进发电量的增长以满足国家经济和人民生活对电力的需求，因此发电量成为评价发电行业规制效果的首要指标。GDP是国内生产总值，反映一个国家经济发展水平，它一方面影响发电行业的资金、技术等要素的供给，从而决定了政府的投资水平；另一方面也是影响发电行业的需求因素，国内生产总值的增长速度与电力需求保持一致已成为公认的事实（Cubbin & Stern，2004），现在很多学者用电力需求量来预测经济发展趋势，也是因为二者的关系紧密。CSH是城市化指数，用城镇人口和总人口的比值表示。城市化进程的加快增加了电力的主动需求，由于城市用电比农村用电多，从而增加了发电量，预期与发电量成正相关关系。YM是原煤产量，原煤是发电行业的原材料供给来源，也反映一个国家资源禀赋状况，由于中国电力还是以火力发电为主，原煤产量一定程度上制约着发电量，预期原煤产量与发电量成正相关关系。GZ是规制变量，良好规制能够为发电行业创造良好的市场环境、投资环境和管理环境，吸引外资和民营资本进入发电行业，并保障投资者信心，甚至能够避免不良投资，从而促进发电行业健康、持续、迅速发展。发电行业是资本密集型行业，有效投资是提高发电量的关键因素，因此良好规制与发电量成正向关系。

二、价格水平检验模型

$$DJ = \alpha + \beta_1 LnRJGDP + \beta_2 MJ + \beta_3 HZ + \beta_4 GZ + \varepsilon \qquad (4-3)$$

发电行业规制改革的一个重要目标是形成公平合理的价格，合理的价格应该适合消费者的收入水平，也应该给发电企业一定的利润空间，保证其持续经营投资。因此，价格规制是对发电行业规制的重要组成部分，也是规制效果评价的重要内容。式（4-3）中的DJ是电力工业品的出厂价格，近似表示发电行业电力产品的价格水平。RJGDP是人均国内生产总值，近似表示消费者收入，它从需求方面直接影响电价水平，故预期人均国内生产总值与电价水平成正相关关系。MJ表示煤炭工业品的出厂价格，燃料价格反映了发电的主要成本，预期煤炭工业品的出厂价格与电力工业品的出厂价格成正相关。HZ为火力发电量占总电力量的比重，火力发电占中国发电总量的80%左右，煤是火力发电的主要原料，因此煤炭价格指数表示电力产品中的原材料成本价格，火力发电成本比水力发电成本要高，预期火力发电所占的比例与电价成正相关关系。GZ是规制变量。随着引进竞争、发电技术发展和放松规制，中国发电行业由以前的较强的自然垄断行业逐渐变成了较弱的自然垄断行业。但是，当前中国发电行业还是呈现一定的自然垄断特征，因此发电企业还是能够利用自身垄断地位对电力收取较高价格以获得最大利润，这会损害社会福利，降低资源配置效率。良好的规制能够利用定价方法，如高峰负荷定价、价格上限等激励规制定价方法，限制发电企业利用垄断权力进行垄断定价和榨取消费者剩余，使电力价格和利润既保证发电企业的持续稳定发展又反映电力供应的成本和需求弹性，最大限度地减少经济扭曲。因此，良好的规制会使电力价格水平下降，预期规制变量与价格成反向关系。

三、利润检验模型

$$LR = \alpha + \beta_1 LnRJGDP + \beta_2 MJ + \beta_3 DJ + \beta_4 GZ + \varepsilon \qquad (4-4)$$

其中，LR 表示发电行业的总资产贡献率，反映了发电企业利用全部资产的获利能力，是评价和考核发电企业盈利能力的核心指标，也是企业经营业绩和管理水平的集中体现。中国把发电行业划分到了电力、热力的生产和供应业，而它本身属于电力的生产业，但由于无法获得发电行业的总资产贡献率，本书用电力、热力的生产和供应业的总资产贡献率代替发电行业的总资产贡献率。利润规制是对发电企业规制的重要组成部分，主要考虑激励水平、效率以及社会福利问题，如何防止发电企业获取超额利润是其要解决的核心问题。如前所述，RJGDP 代表人均国内生产总值，预期电价水平与其成正相关关系，利润与电价成正相关关系，因此 RJGDP 与利润成正相关关系。MJ 表示煤炭工业品的出厂价格，近似表示电力生产的成本，预期煤炭工业品的出厂价格与利润成负相关关系。DJ 表示电力产品的价格，近似表示电力产品的价格，预期与利润成正相关关系。GZ 是规制变量，良好的规制能够限制发电企业获取垄断利润，因此规制变量与利润成负相关关系。

四、效率检验模型

$$XL = \alpha + \beta_1 SJQS + \beta_2 SCH + \beta_3 GZ + \varepsilon \qquad (4-5)$$

效率始终是规制发电行业的最高目标。测算电力行业的效率指标较多，以前研究较多采用劳动生产率指标，该指标是一种静态效率指标。发电行业是资本密集型行业，劳动生产率并不能全面衡量该行业的经济效率。因此，本书选用非参数方法 DEA 模型测算发电行业的总和技术效率，作为发电行业经济效率的衡量指标。根据 DEA 模型中对投入产出指标的选择原则，即投入指标越小越好，产出指标越大越好，本书选取发电煤耗、从业人员和装机容量作为投入指标，发电量作为产出指标，其中装机容量是代表发电行业投资规制的重要指标。发电煤耗代表发电行业的燃料煤耗量，这是发电行业重要的可变成本投入。由于无法获得纯粹的发电行业的从业人数，本书利用电力、热力生产与供应业的从业人数的75%来代替，这一数据是根据已有数据估计得出的。SJQS 为时间趋势，近似表示外生技术进步，由于发电行业属于一个技术进步迅速的行业，随着时间推移，发电行业的技术不断进步，预计效率与技术进步成正相关关系。规制是影响发电行业效率的重要因素，良好的规制可以激励被规制企业选择良好的生产要素组合，避免"A‑J"效应、"棘轮效应"、企业努力程度的减弱和低的生产效率。明确的规制法律和独立的规制结构有利于改善规制承诺，使投资者形成合力和稳定的预期，做出最优生产决策，促进发电行业有效和高效的运营。因此，规制变量与效率成正相关关系。关于市场化水平，部分研究以规模以上私营工业企业主营业务收入占全部规模以上工业企业的比重表示[①]，而本书的 SCH 表示电力、热力生产供应业中国有经济固定资产投资占该行业基本建设和更新改造投资的比重，以此表示市场化程度。该比重越低，表示市场化程度越高；反之，表示市场化程度越低。蒸汽和热水供应业占整个电力产业不到2%，因此可以忽略。预计市场化程度与效率呈负相关关系。

五、环境规制检验模型

$$LnSO_2 = \alpha + \beta_1 LnFDL + \beta_2 HZ + \beta_3 FDMH + \beta_4 GZ + \varepsilon \qquad (4-6)$$

环境规制的效果可以用环境规制机构的投入经费数、被规制企业的治污经费投入、污染物排放量或者国家治理环境污染治理投资来衡量。SO_2 是电力、热力生产和供应行业的主要污染物，国家发展改革委员会的数据显示，电力能耗占全国的 1/3，SO_2 排放占全国的 1/2。小火电厂产生的 SO_2 和烟尘占整个电力工业的 1/3 和 1/2。因此，本书选择电力、热力生产和供应行业的 SO_2 的排放量作为发电行业的环境规制效果。FDL 是发电量，预期发电量的大小与 SO_2 排放量成正相关关系。HZ 是火力发电量占总发电量的比重，预计其与 SO_2 成正相关关系，因为 SO_2 主要是火力发电厂排放的。FDMH 是发电煤耗，是发电企业耗费燃料的多少，发电煤耗越少，排放 SO_2 越少，预计其与 SO_2 成正相关关系。GZ 是规制变量，良好的规制一方面限制发电企业对环境污染，另一方面激励发电企业利用先进的机器设备对污染加以治理。因此，预计规制变量与 SO_2 成正相关关系。中国长期对于发电行业的环境规制不重视，这与中国长期以来发电量不足以供应国民

---

① 参见徐鹏杰，黄少安. 我国区域创新发展能力差异研究——基于政府与市场的视角 [J]. 财经科学，2020（2）：79‑91.

经济需要以及环保意识较淡薄相关，随着中国对环境重视程度的提升以及发电行业的迅速发展，国家逐渐认识到发电行业对环境有很大污染。对于能源紧缺、人口众多的中国来说，节能减排尤为重要。因此，中国在"十一五"期间确定了单位 GDP 能耗降低 20% 左右和主要污染物排放减少 10% 的目标。作为高耗能行业的发电行业节能减排的形势相当严峻。

在相关法律法规的基础上，我国确立了环境影响评价制度、污染物排放标准限制制度、排污许可制度等一系列环境管理制度。此外，为了更加宏观地管理环境质量变化和污染物排放的时间路径，合理安排节能减排和环保工作进展，我国在相关领域出台了多项中长期战略规划，为能源利用和环境保护确立了阶段性目标。例如，《"十三五"规划纲要》中明确要求，到 2020 年实现全国万元 GDP 能耗比 2015 年下降 15%，能源消费总量控制在 50 亿吨标准煤以内，二氧化硫和氮氧化物排放总量控制在 1580 万吨和 1574 万吨以内，单位 GDP 二氧化碳排放量降低 40% 到 45%。全局性环境政策体系的日益完善，为各部门开展清洁生产提供了法律依据和政策约束，有力地推动了电力部门能源结构的调整和污染物的减排行动。此外，《中华人民共和国环境保护法（修订）》和《中华人民共和国大气污染防治法（修订）》分别于 2015 年和 2016 年起实施，规定了各工业部门污染物排放不得超过排放标准，从法律上强调了调整能源结构、推广清洁能源、减少环境污染的重要性。2016 年，《环境保护税法》正式通过，开创了我国首个明确以环境保护为目标的税种。2017 年，党的十九大提出加快推进生态文明建设，污染防治也被列入三大攻坚战，政府提高治污投资，降低工业能耗、污染排放，进一步加强发电行业环境规制[1]。从 2006 年开始，中国对发电行业的环境规制逐渐加强。因此，在发电行业环境规制效果检验模型中，笔者设环境规制变量为虚拟变量，2006 年之前为 0.5，2006～2014 年为 0.7，2015 年后为 0.9。

第三节 样本、数据来源及处理

本书对总量规制效果的检验采用 1971～2017 年的年度发电行业数据，共计 47 个样本。发电量、国内生产总值、总人口、城镇人口、原煤产量数据均来自《中国统计年鉴》《新中国六十年统计资料汇编》。本书对于价格、利润、效率规制效果的检验采用 1980～2017 年的年度发电行业数据，共计 38 个样本。人均国

---

① 参见徐鹏杰，杨萍. 扩大开放、全要素生产率与高质量发展 [J]. 经济体制改革，2019（1）：32 - 38.

内生产总值、电力工业品的出厂价格、煤炭工业品出厂价格指数来源于《中国统计年鉴》，火力发电量占总电量的比重是根据《中国统计年鉴》火力发电量和总电量的数据整理所得。发电行业总资产贡献率以电力、热力的生产和供应业的总资产贡献率代替。1999年之前的资金利税率数据来源于《中国统计年鉴》《中国工业统计年鉴》。发电煤耗数据来自《中国统计年鉴》。发电行业的从业人员无法获得具体数据，根据《中国统计年鉴》和《中国工业统计年鉴》中的电力、热力生产与供应业的从业人数的75%估计得到发电行业从业人员。装机容量数据来源于《中国统计年鉴》以及《2004~2018年中国电力监管报告》。发电行业市场化指标是根据《中国能源统计年鉴》《中国统计年鉴》中电力总投资和国有电力投资比重所得。本书对环境规制效果的检验采用1980~2017年的年度发电行业数据，共计37个样本。二氧化硫排放量来自《中国环境统计年鉴》，但是值得注意的是，在1991年以前该年鉴只有废气排放总量和二氧化硫排放量的总数据而无分工业数据，因此环境规制效果检验采用1991~2017年的数据，共计27个样本。为了取得平稳性和消除异方差，对发电量、国内生产总值、人均国内生产总值、二氧化硫排放量、原煤产量取对数。

如表4-2中所示，在发电量检验效果的数据中，1971~2017年以来，中国发电量一直处于上升趋势，47年年均增长速度为8%；原煤产量也一直处于上升趋势，至2017年原煤产量达到35.24亿吨，年均增长速度为5%，这保证了中国发电量的持续上升，因为我国发电以火力发电为主，而其主要燃料是煤；国内生产总值一直处于上升趋势；中国城市化指数也一直处于上升趋势，由1971年的17%升至2017年的58.5%。

表4-2 规制效果检验数据描述性统计

	变量	样本数	时期（年）	均值	最大值	最小值	标准差
发电量检验模型数据描述统计	发电量（亿千瓦时）	47	1971~2017	17691	64951	1384	19214
	原煤（亿吨）	47	1971~2017	15.78	39.74	3.92	11.45
	国内生产总值（亿元）	47	1971~2017	159723	820754	2426	229625
	城市化指数	47	1971~2017	0.33	0.58	0.17	0.13
	规制变量	47	1971~2017	2.41	3	1.8	0.36
价格检验模型数据描述统计	电力工业价格指数	38	1980~2017	105.41	139.50	98.40	8.75
	人均国内生产总值（元）	38	1980~2017	8.69	11.00	6.14	1.54
	煤炭工业价格指数	38	1980~2017	123.44	201.00	94.80	27.40
	火电比例	38	1980~2017	79.99	83.30	74.36	2.39
	规制变量	38	1980~2017	2.27	2.70	1.80	0.24

续表

	变量	样本数	时期（年）	均值	最大值	最小值	标准差
利润检验 模型数据 描述统计	资产贡献率（%）	38	1980～2017	11.17	24.24	5.81	5.54
	人均国内生产总值（元）	38	1980～2017	8.69	11.00	6.14	1.54
	煤炭工业价格指数	38	1980～2017	123.44	201.00	94.80	27.40
	电力工业价格指数	38	1980～2017	105.41	139.50	98.40	8.75
	规制变量	38	1980～2017	2.27	2.70	1.80	0.24
效率检验 模型数据 描述统计	效率	38	1980～2017	0.80	0.89	0.67	0.07
	时间	38	1980～2017	19.50	38.00	1.00	11.11
	市场化	38	1980～2017	87.51	100.00	73.23	8.87
	规制变量	38	1980～2017	2.27	2.70	1.80	0.24
	装机容量（万千瓦）	38	1980～2017	50205	177703	6587	49698
	发电煤耗（克/千瓦时）	38	1980～2017	360	413	292	38
	从业人员（万人）	38	1980～2017	165	206	99	37
	发电量（亿千瓦时）	38	1980～2017	21411	64951	3006	19614
环境规制 检验模型 数据描述 统计	二氧化硫排放量（万吨）	27	1991～2017	8208085	12041000	5280000	2018950
	装机容量（万千瓦）	27	1991～2017	41359	92600	15147	24551
	发电量（亿千瓦时）	27	1991～2017	18682	42280	6775	10866
	火电比例	27	1991～2017	81.58	83.30	80.20	0.89
	发电煤耗（克/千瓦时）	27	1991～2017	343	390	292	33
	环境规制变量	27	1991～2017	0.55	0.70	0.50	0.09

在价格检验效果的数据中，1980～2017 年人均国内生产总值一直处于上升趋势。电力工业价格指数波动幅度不大，比较稳定。煤炭价格指数波动幅度比较大，总体处于波动上升，如图 4-1 所示。38 年间火力发电量占总发电量的比重平均为 79.99%，最小值为 74.36%，最大值为 83.3%。

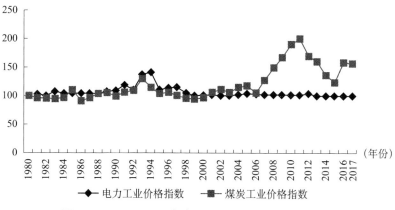

图 4-1　1980～2017 年电力工业和煤炭工业价格指数

注：原始数据为环比价格指数，该图是经过以 1980 年价格指数为基期调整所得。

在利润检验效果的数据中，1980～2017年，电力行业资产贡献率总体处于下降趋势，如图4-2所示。38年间平均值为11.17%，最大值为24.24%，最小值为5.81%。

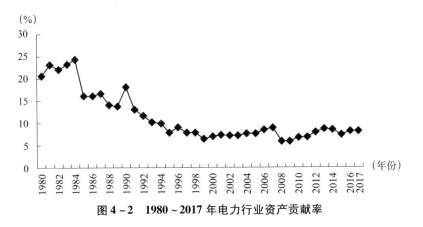

图4-2　1980～2017年电力行业资产贡献率

在效率检验效果的数据中，1980～2017年，发电行业技术效率总体处于波动中，如图4-3所示。38年间平均值为0.80，最大值为0.89，最小值为0.67。在电力行业中，国有经济固定资产投资占该行业基本建设和更新改造投资的比重越低，表示市场化程度越高；反之表示市场化程度越低。38年间该比重处于下降趋势，最大值是100，最小值为73.23（见图4-4）。在DEA模型测试的投入数据中，发电煤耗一直处于下降趋势，38年间平均值为360克/千瓦时，最大值为413克/千瓦时，最小值为292克/千瓦时。装机容量一直处于上升趋势，38年间平均值为50205万千瓦，最大值为177703万千瓦，最小值为6587万千瓦。从业人员处于波动中，38年间平均值为165万人，最大值为206万人，最小值为99万人。

图4-3　1980～2017年发电行业技术效率

图 4 - 4　1980 ~ 2017 年电力行业市场化程度

在环境检验效果数据中，1990 ~ 2017 年，发电行业二氧化硫排放量总体处于波动中，如图 4 - 5 所示。28 年间平均值为 8208084 万吨，最大值为 12041000 万吨，最小值为 5280000 万吨。

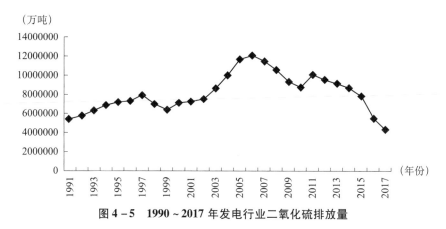

图 4 - 5　1990 ~ 2017 年发电行业二氧化硫排放量

第四节　估计结果

首先，笔者检验各个时间序列变量的平稳性，经检验，LnFDL、Ln（GDP）、Ln（YM）、CSH、GZ、LnRJGDP、LnSO2、MJ、DJ 是一阶差分序列，在 5% 显著水平上为平稳时间序列，均为单位根 I（1）过程，故可以使用最小二乘法估计而不会出现伪回归问题。其次，利用 EViews 7.0 软件对式（4 - 1）至式（4 - 6）进行估计，其中式（4 - 1）、式（4 - 3）的残差有可能存在序列正相关问题。最后，通过用广义差分法 AR（1）、AR（2）进行修正，经广义差分变换后的模型已经不存在序列相关性，自相关问题消除。中国发电行业规制效果估计结果如表4-3所示。

表4-3　中国发电行业规制效果的计量检验结果

解释变量	发电量检验	价格检验	利润检验	效率检验	环境检验
常数项	4.17***	78.4***	59.32***	1.53***	310***
规制	0.06	-11.55**	1.77	0.12***	0.031
国内生产总值	0.46***				
城市化	0.33***				
原煤产量	1.61***				
人均国内生产总值		-3.11	-0.60***		
煤炭价格指数		0.04***	-0.02***		
火电比例		0.94***			-0.005
电价指数			-0.14***		
时间趋势				-0.018**	
市场化				-0.027	
装机容量					244
发电量					1.273***
发电煤耗					8.804***
AR（1）	1.543***		2.354**		
AR（2）	-0.43**				
拟合优度	0.89	0.543	0.811	0.587	0.783
调整拟合优度	0.87	0.501	0.788	0.544	0.731
DW值	1.98**	1.54**	1.65**	1.56**	1.345
F统计量P值	0	0.15	0	0	0

注：**表示在5%的显著水平上显著，***表示在1%的显著水平上显著。

一、发电量检验结果

发电量检验结果表明：

（1）原煤产量、国内生产总值、城市化指数和规制四个因素联合起来能够解释中国发电量变化的87%，同时F统计量非常显著。

（2）在提高发电总量方面，电力规制的作用是正向的，但是不显著，这表明在中国发电量增加的过程中，规制改革作用效果比较明显。

（3）国内经济发展、原煤产量和城市化进程加快的符号为正，与预期一致，且对发电量提高有显著作用，这表明在提高发电量方面，这三个因素起到较大作用。同时，由于发电量、国内生产总值、原煤产量均取对数形式，而国内生产值、城市化的系数分别为 0.46、0.33，表明国内生产值和城市化与发电量之间的弹性为 0.46、0.33；原煤产量弹性系数为 1.61，说明原煤产量增加能显著增加发电量。

二、价格检验结果

价格检验结果表明：

（1）人均国内生产总值、煤炭价格、火电比例和规制四个因素能够解释 54% 的电价水平，F 统计量呈现 5% 的显著水平。

（2）在控制电价方面，规制作用明显，规制变量的符号为负，与预期一致，且通过了 5% 的显著水平。

（3）煤价上涨以及火电比例的提高是电价上涨的主要推动力。其中，煤炭价格、火电比例的符号均为正，与预期一致，且都通过了 1% 的显著水平。人均 GDP 与电价上涨之间关系不显著。

三、利润检验结果

利润检验结果表明：

（1）人均国内生产总值、煤炭价格、电价和规制四个变量能够解释 78% 的发电行业总资产贡献率变动，同时 F 统计量十分显著。

（2）规制在防止垄断利润方面并不是很有效，规制变量的符号为正，与预期不一致，且未通过 5% 显著水平检验。

（3）人均国内生产总值和电价的符号均为负，这与预期不一致，表明随着中国消费者收入的提高，发电行业的利润率并没有提高，电价的降低却导致了利润率的提高。一种可能的解释是中国发电行业定价机制是成本加成定价及政府定价机制，国内生产总值和电价对发电行业利润的影响较小，且作用方向不一定与预期一致。

（4）煤炭价格的符号为负，并通过了 1% 的显著水平检验，说明煤炭价格上涨确实导致了中国发电行业利润率的降低，这与现实相符。当前每当煤炭价格上涨时，发电行业就集体亏损。此外，除了以上因素对发电行业利润影响较大外，发电行业的员工工资、管理成本、利润分配制度都有可能影响利润率的变动。

四、效率检验结果

笔者利用 DEA 方法测算效率，DEA 方法是一种非参数方法，不需要具体的函数形式，也不需任何权重假设，而是以决策单元输入和输出的实际数据求得最优权重，排除了很多主观因素，具有很强的客观性。DEA 方法一般通过测算截面数据或者面板数据估计边界生产函数的移动。使用面板数据时，截面数据用来估计生产边界，时间序列数据用来估计技术的进步，即生产边界的移动。如果只有时间序列数据就很难估计那一年的技术效率，因为不能够假设在所有的时间点生产技术是相同的，如果利用时间序列数据，需要对该方法修正。笔者根据 Lynde 和 Richmond（1999）、王兵和颜鹏飞（2006）修正的时间序列的 DEA 方法进行修正。DEA 方法的本质是将整个数据集作为一个整体测度每一个观测值的相对效率，所以在测度结果中至少有一个技术效率点。首先，笔者利用标准 DEA 方法测算所选数据，发现 2004 年、2005 年、2010 年为 3 个效率点，相对于其他年度，这三年的资源利用效率是最优的，即技术效率值为 1。其次，根据 Andersen 和 Petersen（1993）的超效率 DEA 模型计算这些年份的效率值，并对这些效率值进行排序。最后，利用标准 DEA 的结果除以超效率 DEA 最有效的年度 2010 年的值为 1.12，可以计算出各年度的 θ 值。效率结果如表 4 - 4 所示。从中可以看出，总体来说，DEA 超效率呈现上升趋势，修正后的 DEA 效率结果在 38 年间平均为 0.68。

表 4 - 4　发电行业标准 DEA 效率、DEA 超效率、修正后 DEA 效率结果

年份	标准 DEA 效率结果	DEA 超效率结果	DEA 超效率排序	修正后 DEA 效率结果
1980	0.92	0.59	36	0.52
1981	0.87	0.57	38	0.51
1982	0.83	0.58	37	0.52
1983	0.79	0.6	35	0.53
1984	0.75	0.63	29	0.56
1985	0.92	0.64	27	0.57
1986	0.86	0.66	23	0.59
1987	0.78	0.67	21	0.59
1988	0.87	0.66	24	0.58
1989	0.79	0.64	28	0.57
1990	0.88	0.62	32	0.55
1991	0.8	0.62	33	0.55
1992	0.85	0.63	30	0.56
1993	0.88	0.67	22	0.6
1994	0.92	0.69	18	0.62
1995	0.94	0.7	17	0.62

续表

年份	标准 DEA 效率结果	DEA 超效率结果	DEA 超效率排序	修正后 DEA 效率结果
1996	0.86	0.68	19	0.61
1997	0.88	0.66	25	0.59
1998	0.8	0.62	34	0.56
1999	0.81	0.63	31	0.56
2000	0.82	0.65	26	0.58
2001	0.83	0.68	20	0.6
2002	0.9	0.78	16	0.69
2003	0.98	0.91	9	0.8
2004	1	1.01	2	0.9
2005	1	1	3	0.89
2006	0.96	0.94	5	0.84
2007	0.98	0.99	4	0.88
2008	0.96	0.9	10	0.8
2009	0.91	0.89	12	0.79
2010	1	1.13	1	1
2011	0.91	0.93	8	0.8
2012	0.91	0.94	6	0.82
2013	0.92	0.88	15	0.83
2014	0.89	0.89	13	0.79
2015	0.88	0.9	11	0.78
2016	0.87	0.89	14	0.77
2017	0.93	0.94	7	0.91
平均值	0.89	0.76		0.68

效率检验结果表明：

（1）技术进步、市场化程度和规制三个变量能够解释 54% 的发电行业的效率变化，F 统计量十分显著。

（2）规制变量为正，且在 1% 的显著性水平上显著，与预期一致，表明良好的规制能够促进发电行业效率的提高。

（3）时间趋势的符号为负，在 5% 显著性水平上显著，表明外生技术进步并没有显著促进发电行业效率提高，与预期不一致。这与近 30 年来中国发电行业的发电技术投入以及技术进步相关性并不高，因为科研投入和科研人员比例较低，如 2006 年中国电力、热力生产与供应业的 R&D 经费投入占主营业务收入比重仅有 0.1%，远低于 0.8% 的中国平均水平。这导致了发电行业的技术效率并没有随着发电行业的发展效率的提高而得到提高。

（4）市场化统计量不显著，说明在中国发电行业中，市场化并没有提高效率，这与当前中国发电行业还是以国有投资为主相关，其中外资以及民间投资还占不到总投资的 30%，这种低比例的投资不能对国有发电企业形成威胁，更不能靠竞争来迫使其提高效率，同时表明了中国发电行业虽然放松了规制，但是并没有吸引大量外资和私人投资进入该行业，这与发电行业的规模经济、利润率以及在位发电企业的垄断地位有关。

五、环境检验结果

环境检验结果表明：

（1）发电量、火电比例、发电煤耗和规制四个变量能够解释 73% 环境规制效果的变化，且 F 统计结果十分显著。

（2）规制统计量不显著，这表明，虽然中国制定了减排目标，但是对于发电行业的二氧化硫的排放量控制的作用并不显著。

（3）发电量和发电煤耗都对二氧化硫的排放量的变化起正向作用，表明随着发电量和发电煤耗的增加，二氧化硫排放量也增加了，因此控制二氧化硫排放量最好的方法是降低发电煤耗。

（4）火电比例的统计量不显著，这与预期不一致。

第五节　结论与启示

本章从发电量、价格、利润、效率和环境五个方面对中国发电行业的规制效果进行了全面检验。计量结果表明，规制变量对发电量的提高具有正向作用，但是不显著，显著促进了电力价格下降和效率的提高，但不能有效防止垄断利润，在保护环境方面具有正向作用，但不显著。这说明，中国发电行业规制还未发挥促进发电量提高、利润率下降、环境保护的作用。因此，本书就以上结果提出以下建议：

一、完善发电行业的进入规制制度，取消所有制歧视的进入壁垒

中国发电行业的进入规制是逐渐放松的，到 20 世纪 80 年代，国有产权比率几乎达到了 100%，而随着进入规制的放松和中国市场化进程的加快，发电行业允许外资和民间资本进入，但是到统计截止时，国有产权比率仍然占 70% 左右。

从效率计量结果中看出，中国发电行业的市场化进程并未对效率提高起到促进作用，表明中国发电行业虽然放松了进入规制，但是对于民营发电企业和外资发电企业的进入还有诸多限制，并未彻底放开，而且还显示出"国进民退"的趋势。2002～2017年，中国装机容量从35657万千瓦增加到了177703万千瓦，2017年中央直属五大发电集团约占全国全口径装机容量的43%，其发电量也占了总发电量的45%左右，在市场处于寡头垄断地位。对于一些新进入的发电企业，如果未给予一定的保护期，实难与其竞争。可见，虽然中国发电行业对民营资本和外资放松了进入规制，但是由于资本限制、行政垄断、网点、地理位置和盈利能力等因素的限制，在发电行业中，国有资本仍占主导地位，民营和外资资本所占比例较少。因此，进一步放松中国发电行业进入规制，需要取消不同资本的进入壁垒，同等对待国有资本、民营资本和外商资本，并建立与其配套的其他措施，使刚进入的发电企业能够享受到在位企业的一些好处，尤其是电力行业的输电、配电和售电环节的配合，不然最终即使放松了进入规制，也很难达到引进外资和民营资本以竞争促进效率提高的目的。

二、完善价格规制制度和煤电价格形成机制

当前，中国对发电行业的价格规制制度是竞价上网制度，虽然这种制度带有一定的激励性质，但是由于中国的输电、配电环节由电网企业控制，其对于发电企业来说处于垄断地位，发电企业与其进行价格谈判处于弱势地位；再加上本身电网企业也有自己的发电企业，这导致了发电企业之间的不公平竞争。因此，应逐步完善中国的竞价上网制度，使其能够真正起到反映发电企业成本，激励发电企业降低成本，提高效率的目的。为了达到这个目的，中国需要逐步对电力行业的其他环节进行改革，也要不断强化市场竞争的方式并促进价格水平和价格结构的优化。当然，在不断放松进入规制和价格规制的同时，需要强调各个运营商普遍服务的义务。

从发电量、价格和利润检验中可以看出，原煤产量对于发电量具有正向作用，煤炭价格对于电价有正向影响，对利润率有负向影响。从以上几个方面可以看出，煤炭产量和价格在很大程度上会影响电力总量和电价的波动。因此，构建合理的煤电产业链和定价机制，使煤、电市场价格机制形成一种联合共赢体。

三、成立综合性的规制机构，提高规制机构独立性、监督性

2018年，中国建立了一个独立的电力行业规制机构——国家能源局，在建

立初期，其作为一个规制结构最重要的独立性和监督作用还未显示出来，尤其是由于历史原因，中国对电力行业进行规制的机构较多，电力司的职能仍是组建区域电力市场，而电价、电力投资等审批权仍然掌握在国家发改委手中。因此，政府把其他电力行业规制机构的权力逐渐转移给国家能源局，只有这样才能使其成为一个综合性规制机构，节省交易成本，提高管理效率，避免多家行政机构管理所导致的混乱状态，理顺职能关系。

四、完善电力行业的法律法规

中国发电行业的法律法规基本是在改革之后公布，且具有滞后性，修订速度较慢，有时跟不上改革的进度，也就谈不上对当前发电行业的规制了。当前，中国还未有规制相关法律，如自从 1995 年制定《电力法》以来，该法就没有修改过，当时确定的执法主体是电力工业部，而其已于 1998 年被撤销。电监会作为电力规制机构的尴尬地位直到 2005 年国务院颁布《电力监管条例》才有所缓解。2013 年，将国家能源局与电监会合并为新的国家能源局，国家能源局作为电力规制机构或监管机构的尴尬地位才有所缓解。为了保证规制改革有法律依据，应尽快制定《电力规制法》，以保证规制改革在有法可依的轨道上进行，也能够使规制机构更加有效地对发电企业进行管理。

五、加强对发电行业的环境规制

发电行业是中国环境污染的主要行业，对其进行环境规制对于保护中国环境具有重要作用。从环境规制检验中可以看出，中国环境规制还未对发电行业的二氧化硫排放量起到抑制作用。随着中国对环境保护的加强以及能源使用效率的提高，中国应该逐渐对发电行业进行环境保护，缓解环境污染。中国的小型发电企业较多，造成了发电煤耗较多，加上发电设备落后，发电效率以及废气和废水排放量较大，因此建议逐渐关闭小型发电企业。从环境计量检验结果中还可以看出，当前中国的技术进步还未对环境保护起到作用。在发电行业中技术先进性主要体现在发电能源结构、大型发电机组的容量、发电煤耗及发电厂自动化程度上。因此，中国应逐步加大发电行业科研投入和更新设备，同时降低发电煤耗也能对环境保护起到重要作用。随着中国逐渐转变经济增长方式和兼顾环境发展，应把能源效率和环境保护目标融入环境规制，逐渐加强环境规制。

发电行业属于电力行业中的生产行业，中国单独的发电行业数据有限，很多是经过处理后获得，再加上计量技术的限制，因此本书研究还有以下不足：规制指标的设计有可能还不全面，有些规制指标不能定量化，未予考虑，同时规制变量的设置可能有些主观；对于规制效果的分析方法较多，笔者仅选用了计量方法检验，没有从规制成本和效益方面进行对比分析，也未通过对比不同环境下的发电企业的绩效来考察规制效果，可在后续研究中对这些方面进行加强；另外，笔者只对发电行业层次进行了分析，还未对发电企业进行分析。因此，对于发电行业规制效果的实证研究还有许多研究空间。

第五章
中国发电行业企业层面规制效果的实证分析

发电行业是国家的重要基础产业，是关系到国计民生的公用事业，承担着重要的社会责任。改革开放以来，中国发电行业得到迅速发展。截至 2019 年底，30000 余家企业获得了发电业务许可证，其中有 29 家火电上市公司、22 家水电上市公司和 19 家新能源发电公司。中国发电行业能够得到如此快的发展，与进行规制改革有很大关系。究竟发电行业规制改革与其绩效的关系如何？本章笔者将对此进行研究。企业是构成一个行业的基础，要研究发电行业的规制改革效果，可以通过观察发电企业在规制改革过程的绩效是否实现规制改革所要求的目标。规制改革的目标较多，如规模经济、社会服务、效率等。但是，最终反映到企业绩效上的是利润率和效率。

21 世纪以来，随着规制效果实证研究的发展，人们越来越认识到监管者或规制者与企业所处的制度环境会系统地影响企业的行为模式和绩效。这一点发现对传统的规制研究提出了挑战，即规制会影响公司绩效，而这种影响如何发生、结果如何还受制于规制者和被规制企业所处的制度环境。从以往规制对企业绩效影响的国内外研究看，主要从两个方面进行了探索：一是规制改革对发电企业治理结构的影响，主要是对公司治理结构中的股权结构、董事会特征、企业高管的激励水平影响的考察。二是规制改革对发电企业绩效的影响，主要是从利润和效率角度考察。对国内外现有的文献进行梳理可以发现，发电行业规制改革效果研究多是从产权角度单纯研究发电企业效率，没有考虑到外部环境，尤其是规制改革环境对发电企业绩效的影响。

中国正处于转型期，而且大部分发电企业是从国有大企业转型过来的，政府规制政策必然会影响到企业的运营，同时发电企业的运营效果也可以反映电力产业的规制政策效果。因此，笔者认为应建立一个分析框架去分析规制对企业运营效果的影响。

　　基于此，在考虑规制改革环境和数据获得性的基础上，本书选取 1997～2018 年中国 20 家发电行业上市公司数据，利用面板数据和随机前沿分析方法，从发电行业微观层面的发电企业的利润率和效率两方面考察发电行业规制改革效果，其中利润率指标主要反映了发电行业的资源配置效率；技术效率反映了发电行业投入产出效率。通过测算规制改革对发电企业绩效的影响，考察了资产负债率、上市年龄、企业规模、煤炭价格指数对公司绩效中的利润和效率影响，为中国政府分析发电行业规制政策的效果提供一种重要分析工具，并为当前中国电力产业规制政策的制定提供一定的实证依据。

第一节　中国发电企业发展及其规制改革过程

　　中国发电企业的发展是一个由垄断逐渐走向市场竞争的过程。大致可以分为三个阶段：第一阶段是从独家办电到多家办电（1949～1997 年）。自中华人民共和国成立到 1985 年，中国发电产业由国家垄断经营，基本上是"独家办电"，仅由国家投资设立发电企业。但是，这时国家投资不能满足经济发展对电力的需求。为了解决建设资金和电力供应长期不足的问题，1985 年开始实行集资办电和投资主体多元化的政策，在全国各地建立了一大批地方、民营、外资、合资等类型的发电企业，这对中国发电行业发展起到了极大的推动作用。第二阶段是政企分开（1998～2002 年）。1997 年，中国开始进行第二轮电力体制改革，主要目标是政企分开，打破垄断的发电市场结构，改变 1949 年以来电力行业主管部门既是管理部门又是经营部门的管理模式。第三阶段是实行竞价上网（2003 年至今）。2002 年 3 月，国务院正式批准了《电力体制改革方案》，该方案对发电企业的影响是在发电环节引入了竞争机制，重组和划分了中国发电资产，成立了五个规模大致相当的发电集团公司，实行竞价上网，展开公平竞争。

　　中国发电企业的规制过程实际上是一个由严格到放松的过程。国家对电力企业的规制主要是进入规制。我国发电企业的进入规制经历了如下历程：1985 年以前，国家对建设发电企业实行严格的审批制，只有国家可以建立；1985 年开始逐步放松规制，允许民营、外资建立发电企业；1997 年，由于金融危机的影响，电力出现供给剩余，国家对发电企业建立又开始严格审批；2002 年后，中国对发电行业实行了放松规制，五大发电企业集团大肆建立发电企业，"跑马圈地"。虽然，我国发电行业对民营资本和外资放松了进入规制，但是由于资本限制、行政垄断、网点、地理位置和盈利能力等因素，在发电行业中，国有资本仍占主导地位，民营和外资资本所占比例较少。

从中国发电企业发展及其规制改革过程可以看出，发电企业在 1949 ~ 1985 年处于垄断地位，利润率较高，这从电力行业的利润率可以观察到。1985 年后，随着国家对其进行放松规制，打破垄断，引入竞争，利润率逐渐降低，这从发电行业上市公司的利润报表中可以看出。发电企业发展和规制改革过程应该伴随着的是效率提升，因为原先政府规制对电力企业无任何压力，而随着政府规制改革，发电行业逐渐引入竞争，而且在电价方面实行了"竞价上网"的激励性价格制度，发电企业迫于竞争和价格压力应逐渐降低成本，提高生产经营效率。

第二节　变量选择和模型设定

一、变量的选择

1. 被解释变量的选择

从公司绩效的角度考察规制改革的效果时，绩效指标既要反映公司实际绩效又要反映规制改革的目标，还要排除宏观经济周期和大市波动对绩效的影响。一般来说，政府规制垄断企业的基本目标有两个：一是使垄断企业得到一个"合理的收入或收益率"；二是垄断企业能够以最低的成本满足社会对其服务的需求。但是在具体目标上，不同学者提出了不同的观点。公司绩效是一个内涵广泛的概念。Ruekert 等[1]指出，公司绩效包含三层意思：效果、效率、适应性。苏武康（2003）认为，公司绩效指公司经营的业绩和效率。谭克（2004）则认为，公司绩效是经营者合理配置公司内外部各种资源，有效达成公司目标的程度或表现。本书综合规制改革的目标和公司绩效的含义，选择了利润和效率两个公司绩效指标。财务利润率反映了公司实际经营的业绩，效率反映了公司内部利用各种生产要素的投入产出比。目前，国内外关于公司绩效的实证研究大多采用股票收益的托宾 Q 值和反映公司账面业绩的净资产收益率（ROE）作为公司绩效的度量。

---

[1] 一是效果，即与竞争者在产品和服务方面的对比结果；二是效率，即投入与产出的比例关系；三是适应性，即面对环境威胁与机会选择时的应变能力。

虽然托宾 Q 值（企业市价（股价）/企业的重置成本）能够反映公司的综合情况，但是中国资本市场还不完善，没有足够的数据信息计算中国上市公司总资产的重置成本，也就无法准确计算托宾 Q 值。因此，中国大多数学者利用 ROE 作为企业绩效衡量标准。但是，企业绩效应当包括"质"和"量"两个方面，因此本书选择"量"的净资产利润率（ROE）指标 和"质"的效率指标衡量公司绩效。

2. 解释变量的选择

（1）规制改革变量。由于选取时间为 1997 ~ 2018 年的数据，从规制改革过程可以看出，这期间中国发电企业发生的重大规制改革就是"厂网分开，竞价上网"。因此，此处规制改革变量为"厂网分开"，当公司处于"厂网分开"试点时期时，该变量取 0.5，否则取 0；当公司处于全面进行"厂网分开"时期时，该变量取 1，否则取 0。厂网分开规制改革于 1998 年开始试点，一开始在六个省份进行试点，分别是辽宁、黑龙江、吉林、上海、浙江、山东。由于政策效应具有滞后性，本书选取滞后一、二、三期的规制改革变量。

（2）资本结构——资产负债率。在上市公司的资金中，使用固定利率或者可浮动的债务资金可以获得税收庇护，并且能够利用债权人的资金投资于高风险项目，一方面能够获得高收益并转移风险；另一方面能够利用债务杠杆作用，获取杠杆收益。因此，本书选取反映资本结构的资产负债率作为第一控制变量，以控制杠杆作用对企业绩效的影响。

（3）企业规模——总资产的对数。新古典经济学的企业理论认为，现代企业优势来自规模经济和范围经济。该理论指出了企业规模扩展的内在动因。企业扩大经营规模可以降低长期平均成本，提高其经营效率，进而产生大规模的生产经济性，在激烈的市场经济中赢得成本优势。因此，本书将企业规模作为对企业绩效影响的第二控制变量，该指标以总资产的自然对数来衡量企业规模。

（4）成长发展指标——上市年龄。一个公司上市时间越长，说明其成长发展时期越长。上市时间长对上市公司绩效有两方面影响：一方面是有利的影响，由于公司上市时间长，公司在其业务领域内具有各方面优势，如管理、技术、人员等，所以其绩效应该更高。另一方面是不利的影响，由于上市时间长，公司有很多负担，不能及时更新设备和技术，从而落后于新上市公司的发展。因此，本书选择反映公司成长发展重要指标的上市公司年龄作为影响企业绩效的指标。

（5）成本指标——煤炭价格指数。本书选取的发电行业上市公司基本以发电为主营业务，而在这些发电公司中，70%以上的是以煤为电力源。煤作为发电公司的电力产品的原材料，是一种生产成本。煤价升降对公司的经营绩效有很大影响，而当前中国的"市场煤，计划电"机制是影响中国发电上市公司盈亏的一个重要因素。因此，本书选择了煤炭价格指数作为影响公司绩效的成本指标。

二、模型设定

本书从利润和效率两个方面衡量公司绩效，因此需要建立两个模型考察规制改革变量对绩效影响，并进一步分析影响绩效的因素。

本书以电力企业的净资产收益率为被解释变量，以资产负债率、上市公司年龄、企业规模、规制变量和煤炭价格指数为解释变量，建立面板模型，来衡量规制政策对上市公司绩效的影响。首先，根据 F 检验选择模型的形式，经检验，选择变截距模型，然后通过 Hausman 检验来确定应采用固定效应还是随机效应的面板数据模型。结果显示，四个模型的横截面检验方差无效，导致 Hausman 统计量设定为零。因此，无法根据 Hausman 检验结果判断应采用固定效应模型还是随机效应模型。笔者认为是煤炭价格指数和上市年龄的数据问题致使 Hausman 检验无效。通常固定效应模型适用于仅以样本自身效应为条件的研究，而随机效应适用于以样本对总体效应进行推论。本书主要是从中国发电行业上市公司中抽取样本，推论整个发电行业的规制改革对公司绩效的影响。因此，本书选择个体变截距随机效应模型来进行分析。本书根据影响上市公司利润的规制改革变量和其他控制变量，建立面板模型。具体模型如下：

$$Y_{it} = \alpha + \beta R_{it} + \gamma D_{it} + \delta A_{it} + \xi S_{it} + \eta P_{it} + \varepsilon_{it} \qquad (5-1)$$

式（5-1）为影响公司净资产收益率的面板模型，其中 Y_{it} 是第 i 个上市公司 t 年的绩效，α 为常数项，β、γ、δ、ξ、η 是各个解释变量的回归系数，R_{it}、D_{it}、A_{it}、S_{it}、P_{it} 分别表示 i 上市公司 t 年的规制改革、资产负债率、上市年龄、煤炭价格指数，ε_{it} 为误差项。

本书利用随机前沿分析方法研究规制改革变量对发电行业上市公司技术效率的影响。随机前沿分析方法最早由 Farrell（1957）提出，后在 20 世纪 70 年代末经过了 Battese 和 Coelli（1995）等许多学者的发展和完善。本书根据 Battese 和 Coelli（1995）模型的原理，采用了基于 Cobb - Douglas 生产函数的随机前沿生产函数模型，对发电行业上市公司技术效率水平及规制改革变量对其影响进行测算。

电力生产是由电力上市公司组织进行的电力产品的生产活动。电力生产过程是一个需要消耗大量人力、物力和财力的过程。因此，本书选取固定资产和员工数量作为投入指标，电力企业的产出形式主要是电力，而电力最终要卖给消费者和企业，形成公司收入，因此本书选取主营业务收入作为其产出指标，反映其产出水平。为了对比，影响效率因素与影响利润的因素一样，在此不再对其详细阐述。

本书建立的规制改革影响效率模型如下：

$$\text{Ln}\ (y_{it}) = \beta_0 + \beta_1 \text{Ln}\ (k_{it}) + \beta_2 \text{Ln}\ (l_{it}) + (v_{it} - u_{it}) \quad (5-2)$$

其中，$i = 1, 2, \cdots, N$；$t = 1, 2, \cdots, T$。

在 BC 模型中，技术非效率 u_{it} 的值，可用环境变量的线性回归方程表示，如式（5-3）所示：

$$u_{it} = \delta_0 + \delta_1\ (R_{it}) + \delta_1\ (D_{it}) + \delta_1\ (A_{it}) + \delta_1\ (S_{it}) + \delta_1\ (P_{it}) \quad (5-3)$$

其中，$i = 1, 2, \cdots, N$；$t = 1, 2, \cdots, T$。

Battese 和 Corra 将 BC 模型中两个误差项的方差参数 σ_v 和 σ_u 表示为 $\sigma^2 = \sigma_u^2 + \sigma_v^2$ 和 $\gamma = \sigma_u^2 / \sigma_v^2$，若 $\gamma = 0$，则 $\sigma_u^2 \rightarrow 0$，说明所有公司都位于有效的生产前沿面上，此时无须使用随机前沿技术对面板数据进行分析，运用简单的最小二乘法即可。

第三节 样本、数据来源及处理

本书选取 1997～2018 年中国 20 家发电行业上市公司数据作为样本，其原因在于，虽然当前发电行业上市公司有 50 余家，但是本书主要考察从 1997 年开始上市公司发展业绩与规制变量之间的变化，所以剔除了一些不合适的样本。其中，固定资产、在职员工数、净资产收益率、资产负债率、总资产、上市年龄数据是从各个上市公司年报中获得或者从 Wind 数据库查询所得，煤炭价格指数来自《中国统计年鉴》。

从描述性数据统计表 5-1、图 5-1、图 5-2 中可以发现，中国发电行业上市公司的净资产收益率处于下降趋势，且有些年份为负值，22 年间均值为 7.85%，1997 年平均为 17.13%，而 2018 年平均为 8.09%。资产负债率处于上升趋势，28 年间的均值为 50.64%，1997 年平均为 37.96%，2018 年平均为 55.6%，最高的为 2008 年，达到了 63.58%，有些上市公司的这一指标甚至达到了 93.68%。营业收入、总资产和固定资产处于上升趋势。营业收入 28 年间均值为 48.97 亿元，1997 年平均为 6.89 亿元，2018 年为 114.42 亿元，营业收入最多的公司达到了 410.11 亿元。总资产 28 年间均值为 150.16 亿元，1997 年平均为 23.36 亿元，2018 年为 379.08 亿元，总资产最多的公司达到了 2207.08 亿元。固定资产 28 年间均值为 96.75 亿元，固定资产最多为 1851.04 亿元，最低为 0.4 亿元。煤炭价格指数波动幅度较大。

表 5-1   1997~2018 年利润和效率规制改革效果数据描述性统计

	均值	最大值	最小值	标准差
资产负债率（%）	50.64	93.69	5.49	19.12
净资产收益率（%）	7.85	101.34	−69.81	13.97
规制变量	0.74	1.00	0.00	0.43
上市年龄（年）	12	25	0	7
资产规模（亿元）	150.16	2207.08	2.76	274.67
煤炭价格指数（%）	135.30	201.00	94.80	32.16
营业总收入（亿元）	48.97	410.11	0.91	70.62
固定资产（亿元）	96.75	1851.04	0.40	224.82
总资产（亿元）	150.16	2207.08	2.76	274.67
员工人数（人）	2402	10146	16	2180

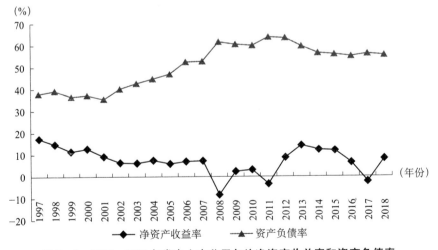

图 5-1   1997~2018 年发电上市公司年均净资产收益率和资产负债率

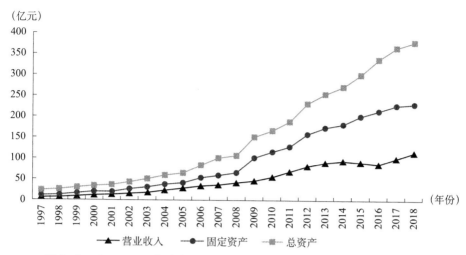

图 5 – 2　1997 ~ 2018 年发电上市公司年均营业总收入、固定资产和总资产

第四节　实证分析结果

为消除截面异方差的影响，笔者利用 EViews 6.0 软件，使用广义最小二乘法（GLS）进行回归估计，得到 1997 ~ 2018 年发电行业上市公司绩效与规制变量及其控制变量个体随机效应模型估计结果，如表 5 – 2 所示。此外，笔者选取了规制改革变量滞后一、二、三期的随机效应模型，以考察规制政策的滞后性，结果如表 5 – 2 中模型 1、模型 2、模型 3 所示。

表 5 – 2　1997 ~ 2018 年发电上市公司规制改革对公司利润影响的估计结果

自变量	模型 1	T 检验	模型 2	T 检验	模型 3	T 检验	模型 4	T 检验
α	24.59 *	35.88	23.34 *	32.12	21.06 *	26.58	20.82 *	22.97
S	0.38 *	10.29	0.49 *	12.45	0.59 *	13.99	0.58 *	12.65
R	– 5.28 *	– 10.31	– 2.22 *	– 2.87	– 1.82 *	– 2.87	– 2.57 *	– 4.14
P	– 0.07 *	– 10.27	– 0.07 *	– 10.45	– 0.07 *	– 9.17	– 0.06 *	– 8.53
D	– 0.16 *	– 19.05	– 0.16 *	– 18.37	– 0.16 *	– 17.49	– 0.17 *	– 18.04
R（–1、–2、–3）			– 3.05 *	– 3.84	– 4.08 *	– 6.14	– 2.43 *	– 3.73
R^2/调整后 R^2	0.613/0.61		0.67/0.65		0.69/0.68		0.70/0.69	
F	274.59 *		197.56 *		177.37 *		159.39 *	
DW 值	1.613 **		1.619 **		1.63 **		1.65 **	

注：* 、** 分别表示在 1%、5% 的显著性水平上显著，无 * 表示未通过检验。有滞后变量时，DW 检验无效，所以模型 2、模型 3、模型 4 没有通过 DW 值判断自相关。α、S、R、P、D、R（–1、–2、–3）分别代表常数项、上市年龄、规制改革、煤炭价格指数、资产负债率、规制滞后变量。

根据上述数据，笔者运用 Battese 和 Coelli（1995）提出的算法，使用前沿生产函数专用程序软件 Frontier – XP 4.1 测算了 1997～2018 年中国发电行业上市公司技术效率及其规制改革变量对效率的影响，结果如表 5 – 3 所示。

表 5 – 3　1997～2018 年发电上市公司规制改革对公司效率影响的估计结果

变量	c	β_1	β_2	δ_1	δ_2	δ_3	δ_4	δ_5
系数	1.14*	0.45*	0.21**	– 0.10*	– 0.61	0.16**	0.24**	– 0.32*
t 统计值	7.71	12.27	9.66	8.64	– 0.79	1.76	– 1.68	– 1.98
σ^2	0.55* （10.26）							
γ	0.77* （21.45）							
LR	230.09*							

注：*、**分别表示在1%、5%的显著性水平上显著，无*表示未通过检验。LR 为似然比检验统计量，此处它符合混合卡方分布，通过了 1% 的显著性检验。δ_1、δ_2、δ_3、δ_4、δ_5 分别代表上市年龄、规制改革变量、煤炭价格指数、资产负债率和资产规模。

从表 5 – 2 中可以看出，利润绩效检验模型 1 中的 5 个解释变量的系数都通过了 1% 的显著性检验，并且 F 检验也通过了 1% 的显著性检验，说明所选择自变量对因变量的解释力度较好。其他三个滞后规制改革变量的 F 检验都通过了 1% 的显著性检验，而且 R^2 值越来越大，模型拟合度越来越好，如滞后 1 期、2 期、3 期的调整 R^2 值为 0.65、0.68、0.69，说明规制政策确实有滞后性，滞后期一般为三年。模型 1 中的 DW 值通过了 5% 的显著性检验，说明模型中不存在自相关问题。

从表 5 – 3 中可以看出，效率绩效检验模型中的 LR（似然比检验）值显示方程在 1% 的显著性水平下通过了检验。这说明，方程中的误差项有明显的复合结构，因此对于 14 年间的数据使用 SFA 技术是很有必要的。并且，根据 γ 的统计检验结果都为显著，表示 $\gamma = 0$ 的假设被拒绝，说明在模型中的技术非效率都显著存在。

（1）规制改革变量对公司绩效的影响。规制改革变量对净资产收益率的影响为负，说明中国"厂网分开"的规制改革对中国发电行业上市公司利润影响为负，这表明中国规制改革对公司的盈利能力提高无明显作用。在随机前沿影响因素分析中，其系数符号所代表含义与其相反。（系数 δ_j 所代表的含义是，若 δ_j 为正，表明变量 j 技术效率有负影响；若 δ_j 为负，表明变量 j 对技术效率的影响为正，并且 δ_j 的绝对值越大，说明该影响就越大。）由表 5 – 3 可以看出，规制改革变量的系数为 – 0.10，规制改革对中国的发电行业上市公司的技术效率有正向影响，这表明"厂网分开"规制改革不能够显著提高公司利润，但是能够提高公司内部的效率。

（2）资产负债率对公司绩效的影响。从表5-2、表5-3中可以看出，资产负债率对净资产收益率有负向影响，这说明中国发电行业上市公司的资产负债率并没有促进其利润增长，说明资本杠杆并没有发挥增加公司价值的作用。根据资本结构相关理论，资产负债率一般在50%左右合适，而中国发电行业上市公司的资产负债率大部分在50%以上，这不仅增加了公司的财务负担而且影响了公司未来发展，因此对其盈利有负向影响。在表5-3中，资产负债率对效率的影响系数为0.24，为负向影响。这说明，公司高的负债率并没有使公司提高效率生产，这是因为中国的发电行业上市公司是国有企业，还债的最终负责人是国家，负债对公司压力较小，并不能迫使其提高投入产出效率。

（3）上市年龄对公司绩效的影响。上市公司年龄对净资产收益率的影响为正向影响，这是由于中国发电行业上市公司大多是国有企业，且发电行业是一个资本密集行业，上市时间越长，其积累的资本和技术水平越高，对利润影响就是正向。上市年龄对效率的影响是正向的，说明上市公司上市时间越长，公司的运营能力、技术、人员优势对公司内部的技术效率有越大影响。

（4）资产规模对公司绩效的影响。资产规模对利润是正向影响，这是由于发电行业上市公司所在行业是一个资本密集型行业，规模越大，其越具有规模经济性。但是在效率模型测度中，中国发电行业上市公司已处于规模报酬递减阶段，这与中国2002年成立了五大发电集团，各大集团公司"跑马圈地"，大力投资有关。资产规模对效率也有正向影响，说明在发电行业中，企业规模对其盈利能力和效率都有较大影响。

（5）煤炭价格指数对公司绩效的影响。煤炭价格指数对利润有负向影响，这与现实中的情况符合：煤炭价格高，电力企业成本增加，利润减少。一直以来，中国煤炭价格都是影响中国发电行业上市公司的重要因素。只要煤炭价格上涨，中国大部分发电企业就会亏损。煤炭价格指数对效率影响却是正向的。这表明，当企业成本压力增大，公司就会为了节约成本提高公司的管理效率，增大投入产出能力，反而促进了公司技术效率提高。

（6）发电行业上市公司的效率。从资本和劳动力两大要素的产出弹性来看，$\beta_1 = 0.45$，$\beta_2 = 0.21$，资本的产出弹性大于劳动力的产出弹性，且通过了5%的显著性水平检验，且$\beta_1 + \beta_2 < 1$，公司处于规模报酬递减阶段。可见，发电行业上市公司是一个资本密集型行业，而且劳动力在发电行业中无显著性作用。因此，当前在中国发电行业的上市公司的发展中，资本投入仍然占据着不可替代的

地位，这一结论与当前主流看法一致。表 5 - 4 显示了 1997～2018 年中国发电行业上市公司的平均技术效率约为 0.40，并呈波动下降趋势，中国发电行业上市公司的效率总体上不高。

表 5 - 4　1997～2018 年发电上市公司技术效率

公司代码	1997 年	1998 年	1999 年	2000 年	2001 年	2002 年	2003 年
600674	0.28	0.26	0.25	0.24	0.22	0.21	0.20
600719	0.32	0.30	0.29	0.28	0.26	0.25	0.24
000899	0.44	0.43	0.41	0.40	0.38	0.37	0.36
600098	0.94	0.94	0.94	0.94	0.94	0.93	0.93
600886	0.80	0.80	0.79	0.78	0.78	0.77	0.76
600864	0.31	0.30	0.28	0.27	0.26	0.24	0.23
600744	0.57	0.56	0.55	0.54	0.52	0.51	0.50
600101	0.33	0.32	0.30	0.29	0.28	0.26	0.25
600863	0.51	0.50	0.49	0.47	0.46	0.45	0.43
600116	0.32	0.31	0.29	0.28	0.27	0.25	0.24
600642	0.74	0.73	0.72	0.71	0.70	0.69	0.68
000037	0.45	0.44	0.43	0.41	0.40	0.39	0.37
000027	0.67	0.66	0.65	0.63	0.62	0.61	0.60
000531	0.45	0.44	0.42	0.41	0.40	0.38	0.37
600780	0.50	0.48	0.47	0.46	0.44	0.43	0.42
000543	0.51	0.50	0.48	0.47	0.46	0.44	0.43
000720	0.58	0.57	0.55	0.54	0.53	0.52	0.50
001896	0.48	0.47	0.46	0.44	0.43	0.41	0.40
000539	0.76	0.75	0.74	0.73	0.73	0.72	0.71
000767	0.60	0.59	0.58	0.57	0.56	0.54	0.53
平均值	0.53	0.52	0.50	0.49	0.48	0.47	0.46
公司代码	2004 年	2005 年	2006 年	2007 年	2008 年	2009 年	2010 年
600674	0.19	0.18	0.16	0.15	0.14	0.13	0.12
600719	0.22	0.21	0.20	0.19	0.18	0.16	0.15
000899	0.34	0.33	0.32	0.30	0.29	0.28	0.26
600098	0.93	0.93	0.92	0.92	0.92	0.92	0.91
600886	0.75	0.74	0.74	0.73	0.72	0.71	0.70
600864	0.22	0.21	0.19	0.18	0.17	0.16	0.15
600744	0.49	0.47	0.46	0.45	0.43	0.42	0.40
600101	0.24	0.23	0.21	0.20	0.19	0.18	0.17
600863	0.42	0.41	0.39	0.38	0.36	0.35	0.34
600116	0.23	0.21	0.20	0.19	0.18	0.17	0.16
600642	0.67	0.66	0.65	0.64	0.63	0.62	0.61
000037	0.36	0.35	0.33	0.32	0.30	0.29	0.28

续表

公司代码	2004 年	2005 年	2006 年	2007 年	2008 年	2009 年	2010 年
000027	0.59	0.58	0.57	0.55	0.54	0.53	0.52
000531	0.36	0.34	0.33	0.31	0.30	0.29	0.27
600780	0.40	0.39	0.38	0.36	0.35	0.33	0.32
000543	0.42	0.40	0.39	0.37	0.36	0.35	0.33
000720	0.49	0.48	0.47	0.45	0.44	0.42	0.41
001896	0.39	0.37	0.36	0.35	0.33	0.32	0.30
000539	0.70	0.69	0.68	0.67	0.66	0.65	0.64
000767	0.52	0.50	0.49	0.48	0.47	0.45	0.44
平均值	0.45	0.43	0.42	0.41	0.40	0.39	0.37

公司代码	2011 年	2012 年	2013 年	2014 年	2015 年	2016 年	2017 年	2018 年
600674	0.11	0.10	0.10	0.09	0.08	0.07	0.07	0.06
600719	0.14	0.13	0.12	0.11	0.10	0.10	0.09	0.08
000899	0.25	0.24	0.22	0.21	0.20	0.19	0.18	0.16
600098	0.91	0.91	0.90	0.90	0.90	0.89	0.89	0.88
600886	0.69	0.68	0.67	0.66	0.65	0.64	0.63	0.62
600864	0.14	0.13	0.12	0.11	0.10	0.09	0.08	0.08
600744	0.39	0.38	0.36	0.35	0.34	0.32	0.31	0.30
600101	0.16	0.14	0.13	0.12	0.12	0.11	0.10	0.09
600863	0.32	0.31	0.30	0.28	0.27	0.26	0.24	0.23
600116	0.15	0.14	0.13	0.12	0.11	0.10	0.09	0.08
600642	0.60	0.58	0.57	0.56	0.55	0.54	0.52	0.51
000037	0.26	0.25	0.24	0.23	0.21	0.20	0.19	0.18
000027	0.50	0.49	0.48	0.46	0.45	0.44	0.42	0.41
000531	0.26	0.25	0.23	0.22	0.21	0.20	0.19	0.17
600780	0.31	0.29	0.28	0.27	0.25	0.24	0.23	0.22
000543	0.32	0.31	0.29	0.28	0.27	0.25	0.24	0.23
000720	0.40	0.38	0.37	0.36	0.34	0.33	0.32	0.30
001896	0.29	0.28	0.26	0.25	0.24	0.23	0.21	0.20
000539	0.63	0.62	0.61	0.59	0.58	0.57	0.56	0.55
000767	0.43	0.41	0.40	0.38	0.37	0.36	0.34	0.33
平均值	0.36	0.35	0.34	0.33	0.32	0.31	0.29	0.28

第五节 结论和启示

本章对中国 1997～2018 年的 20 家发电行业上市公司为样本，运用面板数据和随机前沿分析方法，测算了规制改革、资产负债率、上市年龄、企业规模、煤炭价格指数对公司绩效中的利润和效率影响，通过以上研究得到以下几点结论和启示：

第一，规制改革对利润和效率的影响方向相反，对公司利润有正向影响，而对效率有负向影响。这说明，中国发电行业2002年的"厂网分开"规制改革，提高了公司盈利能力，但是对于公司内部效率无大的影响。对公司盈利能力的提高可能与中国实行的"竞价上网"制度有关；按照规制改革目标，应该打破垄断，降低公司利润率，提高公司效率，可是模型中的测算与目标相反，这说明中国的电力行业规制改革对于发电上市公司的效率并无太大影响，而且规制改革效果未达预期，还需继续深化。实际上，"厂网分开"改革并没有从根本上改变电力产业的市场结构，只是在发电领域引入有限竞争，没有达到充分竞争，在电力行业输电、配电、售电环节还是垂直一体化垄断经营，这影响了中国发电企业的公司绩效。

第二，中国发电行业上市公司的技术效率呈逐年上升趋势，但是总体水平不高，平均为0.4，还有较大提升空间。在当前中国发电行业上市公司集体亏损的情况下，提高公司内部投入产出能力，可谓是摆脱当前困境的一种良策。从中笔者也测算出中国发电行业上市公司处于规模报酬递减阶段，资本在发电行业中作用显著，而劳动力作用较小，建议中国发电行业上市公司维持当前的资本基础，不可再盲目扩张。

第三，资产负债率对中国发电行业上市公司的利润和效率影响都为负，这表明当前中国发电行业上市公司的资本结构并不在合适的度之内，需要降低资产负债率，不然会影响公司盈利能力和效率。

第四，上市年龄与利润成反比，与效率成正比。上市年龄与利润成反比，这与中国当前发电行业上市公司中国有股占绝大地位有很大相关性。截止到2018年，中国已有70家电力上市公司，从这些公司的股权结构来看，基本上都是国有控股企业，股权集中度较高，国有持股比例普遍在30%以上，最多的高达78.1%。在国有股占绝对地位时，公司高层不仅关注利润，而且会过多关注与自身相关的福利，相对不注重盈利，因为他们没有剩余索取权。因此，在发电行业上市公司实行股权多元化，并且建立与公司利润相关的薪酬制度，对于提高一些上市时间较长公司的盈利能力有很大帮助。上市年龄与效率成正比，这从一定程度上反映出，发电行业不仅是一个资本密集型行业，也是一个技术密集型行业，因为上市时间较长的公司更具有技术优势和人员优势，这些对于提高公司技术效率有较大帮助。

第五，资产规模对发电行业上市公司的效率和利润都是正向影响。这与前面测算的发电企业是一个资本产出弹性较大相一致。这说明，在发电行业，只有资产达到一定规模，才能发展相应的规模经济，从而提高企业的利润率和效率。这给中国前一阶段关闭中小火电厂的举措提供了一定的理论依据，因为中小电厂达不到规模经济，并且高耗能，污染环境。不过，当前中国发电行业上市公司的规模报酬已处于递减阶段，应相应控制规模。

第六，煤炭价格指数与利润成反比，与效率成正比。这与中国当前电价规制有关，当前电价有上网电价与销售电价之分，而与发电企业相关的是上网电价。虽然现在上网电价实行的是"竞价上网"，但实际上还是政府指导定价，同时由于电网公司的垄断地位，对发电企业的上网电价也有价格歧视。发电企业的主要动力源——煤——却是市场价，造成当前的"计划电，市场煤"状况，因此当煤炭价格上涨较快时，电价调整不及时，会造成电力企业的亏损。"竞价上网"制度是一种激励性规制制度，能够激励发电企业努力降低生产成本，增加产出，提高效率。因此，在改革中国电力行业规制制度时，政府也应建立与其相关性较大的煤炭行业的制度，只有这样，发电企业才既能提高盈利能力，又能提高效率。

第六章
中国发电行业规制改革的竞争效果分析

2002年，国务院公布了电力体制改革方案，该方案的公布使中国电力管理体制发生了根本性变化。这主要表现在四个方面：一是厂网分开；二是对电网资产进行重组，设立两大电网公司；三是成立国家电力监管委员会，作为电力市场的监管机构；四是国务院印发了电价改革方案，明确了电价改革的方向。从对发电市场的影响来看，该改革方案把原国家电力公司的发电资产进行了分割，成立了五大发电集团，并规定各发电集团在各个区域电力市场中的份额原则上不超过20%，以避免某一家发电公司在一个区域内资产过大而形成垄断地位，五家发电集团与原有独立发电企业一起形成发电市场的竞争局面[①]。该方案的实行打破了发电市场一家垄断的市场结构，引入了竞争机制，其目的是提高发电公司效率和降低成本。经过十几年的发展，在电力体制改革推动下，中国目前发电市场的市场结构如何，是否达到这些目标，成为我们关注的焦点。

国内外大多数学者利用计量经济学、规范经济学、博弈论等方法研究发电行业的市场结构，不过很多研究侧重于整个电力行业，具体对全国范围发电行业的市场结构研究的文献较少。在发电行业市场结构方面，国内学者已进行了相关研究，唐庆博等（2003）提出以企业剩余发电能力为基准测算市场集中度，但是没有进行实证研究。沈剑飞（2004）以发电厂的装机容量为标准，测算了浙江省发电市场的HHI指数，据此推断中国电力行业的市场集中度仍然很高，发电商对市场的控制力很大。刘文茂等（2007）、杜立民等（2007）从发电环节"市场力"的角度分析特定电力市场结构对市场行为和绩效的影响。张凤兵（2010）

---

① 电力体制改革方案公布7年 管理体制四次变化 [EB/OL]. http://finance.qq.com/a/20091119/006084.htm, 2009 – 11 – 19.

对中国电力行业厂网分开改革五年来五大发电集团的数据资料，以装机容量、发电量和销售收入作为市场集中度的衡量基准，对中国目前电力行业发电侧的市场结构进行测算与判定，分析其变动趋势，指出今后中国发电侧市场改革的重点是对优势发电企业的潜在垄断行为进行合理规制。李文斐（2011）利用 HHI 指数对中国区域发电行业的市场结构进行测算，但是 HHI 指数计算公式有些不合理之处。兹向阳（2011）从制度供给和需求两个方面规范分析了中国电力行业市场结构的变迁逻辑。庞雨蒙（2018）认为中国发电行业已形成国有发电企业、民营及外资发电企业并存的格局，并且相比于产权改革，竞争引入后市场集中度的降低对发电行业效率的提升作用更为显著。可以看出，现有的对发电行业市场结构的研究都存在一定的缺陷，有的只是对特定年份和对某些区域的测算，用其判定全国的市场结构，很少能够对厂网分开改革前后全国和区域的市场结构的变迁进行测算，并分析这种变迁的原因和未来发展趋势。

本章将以中华人民共和国成立以来至 2018 年的装机容量、发电量作为市场集中度的衡量标准，对中国发电市场的全国和区域的市场结构进行测算和判定，从发电行业的市场结构变迁的视角看规制改革的竞争效果，分析达成这种结果的原因和预测未来中国发电行业的市场发展趋势，并提出政策建议。

第一节　中国发电行业市场结构变迁的实证分析

常用的测算市场结构的指标主要有市场集中度、HHI 指数、洛伦兹曲线、基尼系数、市场集中系数、市场集中曲线、熵指数，以及专门针对电力市场结构测度的关键供应商指数（PSI）和剩余供应指数（RSI）等。就全国范围发电市场结构测度来讲，由于发电市场的复杂性以及数据资料的获得性的限制，本书对中国发电行业的市场结构的测度主要采用市场集中度和 HHI 指标。市场集中度是用来表示在特定市场或产业中，卖者或者买者具有何种相对规模结构的指标。由于市场集中度反映了特定市场的集中度指标，也能够表示市场中垄断力量，产业组织理论把市场集中度作为衡量市场结构的首要因素。在发电行业中，是典型的卖方集中，因此本书只分析发电行业的卖方集中度。根据数据的获得性和计算的可操作性，将采用 CR_n 指标来衡量中国发电行业的市场集中度。CR_n 指标是最常用、最简单易行的绝对集中度衡量指标，含义是在行业内规模最大的几个企业的有关数值 X（可以是产值、产量、销售额、销售量、职工人数、资产总额等）占整个市场或行业的份额。计算公式为：$CR_n = S_1 + S_2 + S_3 + S_4 + \cdots + S_n$，其中最常用的是 4 家企业集中度（$CR_4$）和 8 家企业集中度（$CR_8$）。因此，如果在一个不完全竞争行业中，四家企业或者更少的企业的集中度达到了 100%，那么可以认为这些企业在这个市场中具有较强的垄断权力；反之，如果一个市场由很多小企业组成，且四家企业的集中度为 10% 或者 20%，那么认为这个行业是一个竞争型的市场结构。另一个衡量市场集中度的指标是赫芬达尔 – 赫希曼指数（HHI），即一个市场内所有企业的市场份额的平方和，$HHI = S_1^2 + S_2^2 + \cdots + S_n^2$，其中 S_i 为企业 i 的市场份额。市场份额可以根据企业产出、资产、劳动力占行业产出、总资产、劳动力的百分比得出。CR_n 适用于寡占程度的衡量，与 CR_n 相比，HHI 指标需要产业中全部企业，或者至少大部分企业数据信息，符合这个要求的数据只能是普查数据。而且 HHI 是一个纯指数，不是一个实际的量，与 CR_n 相比难以解释，但其优势是能够反映更多市场结构的信息。许多学者使用 CR_n 是因为它可以从政府提供的数据中获得。

本书将主要以中国发电企业的装机容量、发电量作为衡量发电行业市场集中度的测量指标。本书原始数据主要来自五大发电集团公司、国家电力监管委员会发布的《电力监管年度报告（2006～2018 年）》、全国电力工业统计数据、全国大型发电企业有关数据调查统计情况报表、国研统计网、中经产业数据库以及《中国电力年鉴》等。

第二节　中国发电行业市场结构测算结果分析

根据前文对发电行业和企业改革阶段的分析，中国发电行业的市场结构变化可以分为以下五个阶段：

第一阶段是完全垄断市场结构阶段（中华人民共和国成立初至 1984 年）。在该阶段电力规制集权化，电力行业处于高度垄断经营阶段，国家电力部门和地方直属电力局既是行政管理部门，又是电力的唯一生产者，几乎是政企不分。依此可以判断该阶段是完全垄断市场结构阶段。因此，本书不计算该阶段的市场集中度。

第二阶段是近似完全垄断阶段（1985～1997 年）。在该阶段，国家开始开放部分发电市场，允许国家资金、地方资金、外资进入发电行业，发电侧的投资主体开始多元化。虽然在该阶段引入了多种类型的投资者，但是地方集资和外资建立的发电企业的规模与国家电力部所属的企业规模是无法相提并论的。因此，该阶段中国发电行业的市场结构接近完全垄断。在这一阶段，发电行业的市场集中度有所改变，但是由于无法查到发电企业的详细数据，无法计算该阶段市场集中度。

第三阶段是完全垄断向寡占型转变阶段（1998～2002 年）。该阶段中国进入政企分开和市场化改革试点阶段，国家撤销了电力部，成立了国家电力公司，再加上一些地方独立自主经营的发电企业，并形成了行业协会这样的自律组织，虽然发电行业仍然高度集权，但是其市场集中度有所改变。《中国电力年鉴》中只有该阶段的国家电力公司数据，因此在这一阶段，本书只选取了 1997 年、1998 年、1999 年、2000 年数据来计算 CR_1，如表 6 - 1 所示。

表 6 - 1　1997～2000 年国家电力公司装机容量、发电量占全国比重

年份	装机容量（万千瓦）	比重（%）	发电量（亿千瓦时）	比重（%）
1997	12476. 29	49. 48	5885. 53	51. 83
1998	13833. 88	50. 31	6043. 58	52. 20
1999	14504. 21	48. 54	6237. 61	50. 58
2000	15130	47. 90	6770	50. 10

注：装机容量和发电量为国家电力公司全资、控股火力发电厂。
资料来源：《中国电力年鉴》。

从表 6 - 1 可以看出，在 2000 年底，国家电力公司的装机容量、发电量占全国的 47.9%、50.1%。此外，电力是一种不能储存的特殊商品，需要通过电网设施才能供应和销售，而国家电力公司控制着全国 47% 以上的发电资产和全国 90% 以上的电网资产，这就更加确定了其在全国发电市场的"独家垄断"地位。因此，无论是从发电资产还是从销售额来看，国家电力公司在发电市场上都具有强大的市场支配力量，其他发电公司无法与其抗衡。

第四阶段是寡占型市场结构阶段（2002～2014 年）。该阶段是打破垄断、横纵拆分的市场化改革阶段。按照 2002 年《国务院体制改革方案》，政府重组了国家电力公司的发电资产，按照现代企业制度建立了多家独立的发电企业，并且要求每个发电企业在各区域电力市场中的份额原则上不超过 20%。因此，在该阶段发电行业的市场集中度有了很大改善。分割前后的情况如表 6 - 2、表 6 - 3 所示。经过此次改革，除了五大发电集团外，还有一些其他发电公司，如国华电力、深能源、申能源、粤电力等 1000 余家中小型独立发电企业，但是其在中国市场所占的比重较小。从表 6 - 3 可以看出，在全国市场上，新组建的五大发电集团资产约占全国总发电资产的 33%，总装机容量为 16273 万千瓦，达到

了全国装机总容量的 50.96%。可见，五大发电集团在全国还是占了较大的市场份额。

表 6-2 2002 年改革前中国电力生产统计

类别	电网公司	装机容量（万千瓦）	发电量（万千瓦时）	装机容量市场份额（%）	发电量市场份额（%）
国家电力公司	华北电力系统	4972.59	26323966	13.95	15.92
	东北电力系统	3986.45	16762839	11.18	10.13
	华东电力系统	6250.16	31450541	17.53	19.01
	福建电力系统	1340.61	5294658	3.76	3.20
	山东电力系统	2435.25	11965552	6.83	7.23
	华中电力系统	5056.23	21699663	14.18	13.12
	南方电力系统	5728.71	26867615	16.07	16.24
	海南电力系统	178.04	519069	0.50	0.31
	重庆电力系统	302.3	1445661	0.85	0.87
	四川电力系统	1676.4	6829462	4.70	4.13
	拉萨电力系统	23.77	63636	0.07	0.04
	西北电力系统	2083.4	9620673	5.84	5.82
合计		34033.91	158843335	95.45	96.04
独立发电企业	华能集团	2676.92	13143500	7.51	
	大唐公司	(568.2)	(302.46)	1.59	
	国华电力	502	—	1.41	
	地方电网总和	123.82	—	0.35	
全国		35657	16540.00	106.30	

注：①华北电力系统包括北京、天津、河北、山西、内蒙古；东北电力系统包括内蒙古东、辽宁、吉林、黑龙江；华东电力系统包括河南、湖北、湖南、江西；南方联营电力系统包括广东、广西、贵州、云南；西北电力系统包括陕西、甘肃、青海、宁夏。②市场份额为计算得来的数据，"—"表示数据缺少。③北京大唐属于华北电力集团控股的独立发电企业，所以用括号表示。④由于华能集团公布的 2002 年的数据为全口径统计数据，有可能造成计算误差。

资料来源：《中国电力年鉴 2003；中国 2002 年电网生产情况统计》及相关公司的生产数据的整理。

表 6-3 2002 年"厂网分开"后的发电市场结构

	可控容量（万千瓦）	占全国容量的比例（%）
五大发电集团公司	16273	50.96
国家电网公司调峰、调频电厂	1968	6.16
南方电网公司调峰、调频电厂	372	1.16
国家电网公司代管、售待发电资产	870	2.73
转划给其他辅业集团公司发电资产	920	2.88
长江电力股份有限公司（葛洲坝）	271.5	0.85
混合产权发电资产	10733.5	33.61

续表

	可控容量（万千瓦）	占全国容量的比例（%）
原不属于国电的发电资产	524	1.65
合计	31932	100

资料来源：2002 年国务院《电力体制改革方案》。

　　2003～2014 年全国五大发电集团的发电量和装机容量具体数据如表 6－4 所示。2002 年后，中国发电行业形成了以五大发电集团为主，各地方发电集团、多家发电企业多元化竞争的格局。但是，在激发发电企业竞争意识和投资电源建设积极性以及电力短缺和发电巨头的跑马圈地的各种刺激下，中国电源建设出现了一轮前所未有的跃进式发展。2003 年，五大发电集团装机容量、发电量占全国比重分别为 35%、37%，到了 2014 年分别占 45%、45%，比重发展处于上升趋势，这对于当前竞争局面有一定的威胁。

表 6－4　2003～2014 年中国前八大发电集团的装机容量和发电量

单位：万千瓦、亿千瓦时

年份		2003	2004	2005	2006	2007	2008	2009	2010	2011	2012	2013	2014
全国	装机容量	39141	44070	50841	62200	71329	79253	87407	96641	105576	114491	124738	136463
	发电量	19106	22033	25003	28657	32816	34958	37147	42072	47130	49876	54316	56496
华能集团	装机容量	3156	3557	4321	5719	7158	8586	10438	11343	12538	13508	14329	15149
	发电量	1744	1948	2654	2820	3270	3645	4201	5376	6046	6087	6493	6461
华电集团	装机容量	2864	3079	3882	5004	6302	6902	7697	9019	9410	10179	11269	12254
	发电量	1248	1384	1629	1995	2581	2900	3029	3589	4178	4323	4728	5008
国电集团	装机容量	2534	2930	3506	4445	6006	7024	8203	9532	10672	12008	12279	12520
	发电量	1371	1681	1904	259	2653	2978	3531	4199	4770	4898	5332	5014
中电投集团	装机容量	2302	2439	2946	3550	4300	5199	6000	7072	7680	8000	8968	9667
	发电量	1226	1306	138	1725	1879	2051	2516	2940	3259	3493	3678	3805
大唐集团	装机容量	2746	3353	4166	5406	6482	8242	10017	10590	11106	11380	11539	12047
	发电量	1428	1734	2098	2516	3048	3530	3899	4726	5080	5060	4940	4968
五大发电集团	装机容量	13602	15358	18821	24124	30248	35953	42355	47556	51406	55075	58384	61637
	发电量	7017	8053	8423	9315	13431	15104	17176	20830	23333	23861	25171	25256
五大发电集团全国比重（%）	装机容量	35	35	37	39	42	45	48	49	49	48	47	45
	发电量	37	37	34	33	41	43	46	50	50	48	46	45
CR₄（%）	装机容量	29	29	31	33	36	39	42	42	41	41	40	38
	发电量	30	31	33	26	35	37	39	43	43	41	40	38

　　第五阶段是寡占型市场结构阶段（2015 年至今）。

表 6 – 5 显示的是 2015 ~ 2018 年五大发电集团装机容量和发电量占全国比重。这期间，为了化解煤电产能过剩，减少煤电的恶性竞争行为，国家发改委等部门鼓励和推动大型发电集团实施重组整合，鼓励煤炭、电力等产业链上下游企业发挥产业链协同效应，加强煤炭、电力企业中长期合作，稳定煤炭市场价格；支持优势企业和主业企业通过资产重组、股权合作、资产置换、无偿划转等方式整合煤电资源。由此，2015 年 6 月重组中国电力投资集团公司与国家核电技术公司为国家电力投资集团有限公司（以下简称"国家电投"）。2017 年 11 月，重组中国国电集团公司和神华集团有限责任公司为国家能源集团，全称国家能源投资集团有限责任公司（以下简称"国家能源集团"）。新五大发电集团的装机容量和发电量从 2015 的 44% 和 42% 上升到 2018 年的 44% 和 46%。

表 6 – 5　2015 ~ 2018 年中国前八大发电集团的装机容量和发电量

单位：万千瓦、亿千瓦时

年份		2015	2016	2017	2018
全国	装机容量	150673	164575	177703	189967
	发电量	58146	61332	64951	71118
华能集团	装机容量	16063	16554	17182	17657
	发电量	6146	6216	6496	7026
华电集团	装机容量	13500	14281	14827	14600
	发电量	4700	4919	5122	5552
国电集团（国家能源）	装机容量	13500	14296	17500	23800
	发电量	4837	5052	8880	9533
中电投（国家电投）	装机容量	10700	11700	12612	14025
	发电量	3807	3969	4226	4980
大唐集团	装机容量	12717	13593	13776	13891
	发电量	4788	4760	5169	5540
五大发电集团	装机容量	66480	70424	75897	83973
	发电量	24278	24916	29893	32631
全国比重（%）	装机容量	44	43	43	44
	发电量	42	41	46	46
CR_4（%）	装机容量	37	36	36	37
	发电量	35	34	40	39

注：国家电投成立于 2015 年 6 月，由原中国电力投资集团公司与国家核电技术公司重组组建，2015 年前简称中电投。国家能源集团成立于 2017 年 11，由中国国电集团公司和神华集团有限责任公司重组组建。

若根据贝恩和植草益对市场结构类型划分的标准（见表 6 – 6），2002 年中国发电市场属于高度集中寡占型市场结构，这与中国当时的电力行业体制有关；

2003 年、2004 年属于竞争型市场结构，这是因为 2003 年中国对发电行业进行了切分式改革；2005～2018 年是中等寡占型市场结构。由此，基本可以判定当前中国发电行业的市场结构属于寡占型市场结构，如表 6-7 所示。

表 6-6　贝恩与植草益的市场结构类型划分标准

集中度 市场结构	贝恩的分类标准		植草益的分类标准	
	CR₄（%）	CR₈（%）	市场结构	CR₈（%）
极高寡占型	75≤CR₄	—	极高寡占型	70<CR₈
高度集中寡占型	65≤CR₄<75	或 85≤CR₈	高、中寡占型	40<CR₈<70
中上集中寡占型	50≤CR₄<65	75≤CR₈<85		
中下集中寡占型	35≤CR₄<50	45≤CR₈<75	低集中型	20<CR₈<40
低集中寡占型	30≤CR₄<35	或 40≤CR₈<45		
竞争型	CR₄<30	或 CR₈<40	分散竞争型	CR₈<20

资料来源：苏东水. 产业经济学 [M]. 北京：高等教育出版社，2006：124-125.

表 6-7　2002～2018 年中国发电行业的装机容量的 CR₄ 和 CR₅

集中度 年份	装机容量		贝恩分类标准
	CR₄（%）	CR₅（%）	CR₄
2002	62	73	中上集中寡占型
2003	29	35	竞争型
2004	29	35	竞争型
2005	31	36	低集中寡占型
2006	33	39	低集中寡占型
2007	36	42	中下集中寡占型
2008	39	45	中下集中寡占型
2009	42	48	中下集中寡占型
2010	44	51	中下集中寡占型
2011	41	49	中下集中寡占型
2012	41	48	中下集中寡占型
2013	40	47	中下集中寡占型
2014	38	45	中下集中寡占型
2015	37	44	中下集中寡占型
2016	36	43	中下集中寡占型
2017	36	43	中下集中寡占型
2018	37	44	中下集中寡占型

资料来源：国家电力监管委员会公布数据，五大发电集团公司网站数据，2004～2010 年国家电力监管报告，电力统计公报，全国大型发电企业调查数据，2009 年、2010 年发电业务情况通报。

第三节　中国发电行业区域市场结构测算结果分析

由于中国的发电企业众多，数据资料难以统计整理，本书根据国家电力监管委员会办公厅发布了 2009 年、2010 年的发电业务情况通报、《中国电力年鉴》和五大发电集团公司统计的相关资料，按照五大发电集团在东北、华北、华东、华中、西北和南方电网这六种区分方法，统计出各个区域的市场结构指标。TOPm 份额是市场中最大的 m 个供应者所占的市场份额，HHI 是各市场供应者所占市场份额的平方和，两个指标都反映了市场的集中度，数值越大说明集中度越高。依据各发电集团装机容量，分别计算各区域的 2009 年、2010 年 TOP5 装机份额以及 HHI 指数，HHI 指数用占有率前 6 位企业的装机容量来计算，计算结果小于实际的 HHI 指标值，因为实际指标值会计算全部行业的数据。计算结果如表 6 - 8 所示。

表 6 - 8　2009 年、2010 年分区域发电行业装机市场集中度及份额构成

区域（2009 年）	TOP5 (%)	TOP6 (%)	HHI	各区域发电市场份额主要构成					
华北区域	53	61	749	华能	大唐	国电	华电	国华	中电投
东北区域	66	72	912	国电	华能	华电	大唐	中电投	电网保留
华东区域	41	46	374	华能	浙能	国电	华电	大唐	中电投
华中区域	48	51	480	国电	大唐	中电投	华电	华能	电网保留
西北区域	56	60	680	大唐	中电投	国电	华电	华能	电网保留
南方区域	47	51	473	粤电	大唐	华能	华电	中电投	国电
区域（2010 年）	TOP5 (%)	TOP6 (%)	HHI	各区域发电市场份额主要构成					
华北区域	54	59	675	华能	国电	华电	大唐	神华	中电投
东北区域	67	73	957	中电投	华能	华电	国电	大唐	电网保留
华东区域	42	47	399	华能	浙能	国电	大唐	华电	中电投
华中区域	49	52	509	国电	中电投	大唐	华电	华能	电网保留
西北区域	58	59	746	大唐	中电投	国电	华电	华能	电网保留
南方区域	46	50	474	粤电	大唐	华电	华能	中电投	国电

注：华北区域包括北京、天津、河北、山西、内蒙古、山东；东北区域包括辽宁、吉林、黑龙江；华东区域包括江西、河南、湖北、湖南、重庆、四川；西北区域主要包括陕西、甘肃、青海、宁夏、新疆、西藏；南方区域主要包括广东、广西、贵州、云南、海南。

资料来源：2009 年、2010 年发电业务情况通报，国家电力监管委员会办公厅。

从表 6 - 8 可以看出，中国的电力资源在全国的分布仍是比较集中的，东北区域、西北区域和华北区域 TOP5 装机份额超过 50%，华东区域 TOP5 装机份额

最低，为40%左右。从 HHI 指数看，由于该指数比实际指数要小，所以如果根据 HHI 指数标准划分的市场结构类型进行判断不合理，只能进行一种模糊判断。不过大体上看，HHI 指数与 TOP5 指标所得到的判断结果相近。根据表6-8 的 HHI 值判断华北、东北、西北区域的市场结构，超过了 500 为竞争 I 型市场结构。其他区域的 HHI 值都小于 500，为竞争 II 型市场结构。从而可以判断，中国发电市场的区域市场结构基本为竞争型的市场结构。这种区域的市场结构与中国五大发电集团的经营范围和地域划分有关。

2017 年六大区域发电装机容量所占市场比率如图6-1 所示，从中可以看出，华北区域装机容量市场占有率最高，为 21.81%，接着为华东区域、华中区域、南方区域、西北区域和东北区域。

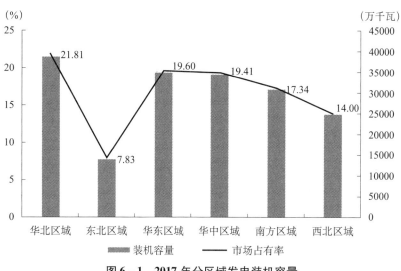

图6-1　2017 年分区域发电装机容量

第四节　中国发电行业市场结构未来变化趋势

一、由高度集中寡占型市场逐渐转变为中下集中寡占型市场

1949～1984 年，中国发电行业是一个完全垄断的市场结构，以国家发电企业为主。1985～1997 年，虽然中国对发电行业的进入有所放松，但还是以国有资本投资为主，其他资本所占比重较少，接近完全垄断。1998～2002 年，在中国发电行业中，国家电力公司占主导地位，在装机容量、发电量和总资产方面都

占了 50% 以上，发电行业是一个高度集中寡占型市场结构。2003～2014 年，经过"厂网分开"改革，中国发电行业市场结构逐渐转变为中下集中寡占型市场结构。从区域市场结构看，五大发电集团在有些区域所占比重仍较大，处于一种垄断地位。2015 年后，中国发电行业进行一系列重组，实现资源向优势企业集中，盘活存量、减少重复建设，优化国有资本的布局与资源配置，组建了国家能源集团和国家电力投资集团；但是从市场集中度来看，并未改变发电行业的市场结构，还是中下集中寡占型市场结构。从 CR_5 来看，五大发电集团的市场集中度呈逐渐上升趋势，这表明五大发电集团不管是在全国市场还是在区域市场中都占有一定的支配地位。

中国重组发电资产后，经过几年的发展，发电市场呈现中下集中寡占型市场结构。这种市场结构比较适应当前中国的经济发展阶段，也符合发电行业的经济特征，即投资规模大、沉淀成本高、进入壁垒高，具有规模经济效应。如果在一定的市场容量和技术条件下，发电企业规模过小，有可能导致过度竞争、资源浪费，不利于规模经济效应的发挥和环境保护。这也是中国从 2004 年开始关闭小发电厂的原因。发电企业规模过大，则会因管理带来内部交易成本上升而损害企业生产效率。但是，近年来，发电行业的市场集中度有逐渐上升趋势，且出现产能过剩问题，因此政府应关注五大发电企业集团的扩张和在一些区域中小电厂的市场占有率，更应该注意重组发电行业与上下游产业之间的重组和产业链的搭建。

二、市场垄断程度降低，竞争程度提高

2003～2018 年，五大发电集团的装机容量、发电量占全国发电市场的比重平均为 43%、42%，并不算高。即使五大发电集团中最大的华能集团，装机容量占全国比重最高也只有 29%（2009 年），发电量占全国比重最高只有 5.58%（2010 年）。由此可见，当前，中国任何一个大的发电集团都不能形成垄断优势。由此可以判断，中国发电市场的垄断程度已显著降低，也表明中国发电行业的"打破垄断，引入竞争"的改革取得了一定成效。但是，值得注意的是，在有些区域市场中五大集团占有率较高，因此政府不仅应该关注全国市场的垄断程度，而且要注意区域的竞争效果。

三、区域市场集中度呈竞争型市场结构

虽然发电市场在全国的市场集中度较高，但是在各个区域市场中，并没有某一个企业处于绝对支配地位，呈现一种竞争型的市场结构。这表明中国进行切分

式改革在区域市场中还是达到了打破垄断，促进竞争的效果。这与各地方政府以前投资设立的地方性发电集团有关。不过五大发电集团在 2002 年后在各地方投资设立或者收购兼并了不少地方性中小电厂，这造成近年来它们在各地方市场占有率有上升趋势。但是，值得注意的是，由于在区域市场中，各个省份的电力集团还是存在发输配售电一体化的现象，不利于独立发电厂与其竞争，而且在电力上网价上有不公平之处，这是下一步改革需要注意的。

四、市场集中度呈走高趋势

从图 6 - 2 可以看出，中国发电市场的市场集中度指标 CR_4、CR_5 在 2003 年后又重新呈现走高趋势，这说明在中国发电市场总体呈现竞争的局面下，又出现了市场集中的趋势。究其原因主要是中国发电行业按照地域范围对资产的拆分改革造成的，而不是市场竞争促进了市场集中，这与发达国家市场竞争形成的垄断有所区别。五大发电集团为了在自己的区域范围内建立区域竞争优势，凭借自己的初始规模优势，到全国各地"跑马圈地"，致使初步形成的竞争态势又走向了一种新型的区域垄断，从而损害了发电行业的市场绩效和社会福利，违背了改革的初衷。

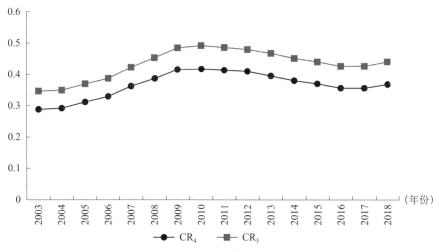

图 6 - 2　2003 ~ 2018 年中国发电行业市场集中度变动趋势

五、市场结构与市场绩效不对称

从表 6 - 7 可以看出，2003 ~ 2007 年中国发电行业 CR_5 的平均值为 37.4%，而根据表 6 - 9 所示，五大发电集团的利润总额占中国发电行业利润总额比重年均仅为 25. 77% 。五大发电集团在代表生产能力的装机容量、发电量以及代表销售能力的销售收入占中国发电行业比重不断提高的前提下，利润总额占整个行业的比重较低，表明其利润总额占比与其市场地位不符。因此，中国发电市场改革的目标是针对发电企业设计合理的激励制度，继续优化产权结构，加强内部治理促进发电企业绩效提高。同时，政府也要注意设计合理规制制度和调整政策，尤其国家需要调整能源产业政策，促进煤电企业的产业创新和联动，从根本上解决煤电困境，实现煤电行业的协调发展。2017 年五大发电集团火电业务亏损 132 亿元，继 2008 年再次出现火电业务整体亏损。表 6 - 9 显示了五大发电集团的财务情况，从中可以看出五大发电集团虽然营业收入和资产总额很高，但是资产负债率较高，资产运营绩效并不良好。

表 6 - 9　　2018 年五大发电集团财务情况　　　　　　单位：亿元，%

集团	资产	营业收入	资产负债率	利润总额	净利润
华能集团	10733	2786	76. 74	144	——
华电集团	8256	2152	77. 83	249	——
国家能源集团	17828	5423	60. 78	735	509
国家电投集团	10800	2266. 56	78. 61	108. 18	65. 9
大唐集团	7458	1895	76. 43	95. 98	61. 61

第五节　结论与启示

从 20 世纪 80 年代开始，中国发电行业得到迅速发展，当前，发电环节继续呈现多元化竞争格局。中国发电行业规模的逐渐扩大促使市场结构发生变化，而市场结构的变化又进一步导致市场绩效的变化。本章通过计算中国发电市场集中度和区域市场集中度观察 1949 年以来中国对发电行业所进行的规制改革是否达到了打破垄断，促进竞争的效果。经 2002 年重组后的中国发电市场呈现中下集中的寡占型市场结构。这种市场结构为当前中国发电行业的有效竞争创造了条件并能获得一定的规模效益。发电市场在区域市场中呈现竞争型的市场结构，不过在某些区域，五大发电集团仍具有较高的市场支配地位，且市场集中度呈增强趋势。未来各种资本会进入发电行业，中国发电行业的市场结构也将进入一个更加错综复杂的局面。为此笔者提出如下建议：

第一，政府规制应逐渐从价格规制和进入规制转变为维持市场竞争秩序。

为了促进有效竞争和筹集投资资金，中国发电行业放松了进入规制，实行了投资主体的多元化，但是多元化的市场竞争主体只是有效竞争的必要条件而非充分条件。在发电市场，政府反垄断并不是反对垄断结构本身，而是一些优势发电企业滥用市场地位的行为。当前发电行业的市场结构是较合理的，今后中国发电市场改革的重点应该在承认当前这种市场结构和发电企业效率前提下，设计合理的规制制度和措施规制发电企业潜在的垄断行为，尽量减少价格规制和进入规制，加强对市场秩序的监管，提供公平竞争环境来促进有效竞争，最终达到提供资源配置效率的目的。

第二，继续放松进入规制，以有效竞争为准则评判市场结构。

Littlechild（1982）认为，最有效的反垄断和保护消费者利益的力量是竞争，而政府规制是反垄断和制止垄断行为的必要手段，而不是充分手段。这是因为，规制只是市场失灵的必要条件而不是充分条件，即规制是因为市场失灵而存在，而存在市场失灵并不能说就必须用政府规制克服，也可以通过市场力量或者协会等方法解决。规制是竞争的剩余，规制不能替代竞争，凡是能够开展竞争的领域就要放开竞争，能没有规制的就不规制。即使在一些"市场失灵"领域，也不一定意味着规制是必然和必要的，因为政府规制也存在"规制失灵"领域，即规制成本大于收益。中国发电行业改革是以竞争为导向，因此要以有效竞争的准则来评价发电行业改革的竞争效果。虽然中国发电行业进行了打破垄断、促进竞争的改革，发电企业数目增加了，但是并不能表明这些企业就有竞争关系了，因为中国发电行业所谓的竞争改革是按照地域拆分进行的。例如，五大发电集团大多是按照地区范围的垄断，与原来全国独家垄断区别较小。只是由原来的全国垄断转变为区域垄断而已。因此，通过拆分导入竞争的关键在于在拆分后继续放松进入规制，使各种类型的企业自由进入，增加企业数目，否则垄断依旧，很难达到有效竞争。

第三，完善反垄断法，保证执法的独立性。

反垄断的主要法律依据是《反垄断法》，反垄断部门要依据《反垄断法》打击市场垄断，维护市场竞争秩序。为了防止发电行业在以后出现垄断局面，反垄断部门要通过科学的方法测量发电市场的市场集中度，判定是否出现垄断并对这种行为制止和惩罚，以预防和制止垄断行为，保护消费者利益，为经济发展提供稳定的电力，从而促进经济持续健康发展。同时注意在执法过程中，执法机构要保持独立性，不受发电企业集团的规制俘获。

第七章
中国可再生能源发电行业规制效果分析

可再生能源发电产业是指利用直接或者间接地来自太阳、地球内部深处或者海洋波动所产生的太阳能、风能、生物质能、地热能、水能和海洋能所产生的能量进行发电的相关产业。相对于不可再生能源发电产业，如利用煤炭和核能发电，可再生能源发电具有对环境污染少、原材料储量大等特点，这对于解决当前我国的环境污染问题和可再生资源的枯竭问题具有重要的战略意义。世界各国都在采取各种措施促进可再生能源发电产业发展。我国自2006年实施《中华人民共和国可再生能源法》以来，也逐步建立了对可再生能源发电产业的价格、财税、金融等一系列优惠支持政策，促进了可再生能源发电行业快速发展，对能源消费总量的贡献日益显著。2018年，全国可再生能源发电装机容量达7.29亿千瓦，占全部电力装机的38.4%；可再生能源发电量达18670.34亿千瓦时，占全部发电量的26.7%，为实现2020年我国非化石能源占一次能源消费总量比重的15%目标提供了有力支撑。同时，在规模化应用的过程中，风电、光伏发电等可再生能源发电技术水平不断提升，成本持续下降，已具备和传统能源竞争的基础，逐步成为我国能源结构转型的重要力量。但是，随着经济和社会的发展，中国的可再生能源发电行业的产能过剩、补贴资金缺口持续增加，交易系统不顺畅、国家支持网络建设滞后、市场定价机制不完善，这严重制约和影响了可再生能源发电行业的发展。这一系列深层次经济管理技术问题与规制政策工具选择和规制政策实施机制有密切关系。基于此，本书从规制经济学视角出发，分析当前使用规制政策工具对可再生能源发电产业总量、价格、进入和环境规制效果，并提出政府规制政策改善策略，从而为政府更好地制定规制政策提供有益参考。

第一节　可再生能源发电行业的支持政策

一般来说，各国在支持可再生能源发电产业时，一般使用税收减免、支持价格、配额上网和研发补贴等政策，具体政策主要有上网电价补贴、可再生能源发展基金、可再生能源配额制、可再生资源绿证制度、净计量电价、财政税收支持政策以及绿色电力价格等，其中我国主要通过提高上网电价补贴、配额制、可再生能源发展基金三种方式协同支持可再生发电产业发展。近来，国家也在尝试利用更加市场化的规制政策工具扶持和激励可再生能源发电产业发展。

一、财税支持政策

财税支持政策是指政府利用政府支出和税收变动政策推动可再生能源发电产业技术的研发、应用和商业化进程，具体来说就是通过税收优惠政策或者给予可再生能源技术研发补贴政策。我国中央政府和地方政府在这方面出台了一系列的财政补贴政策和税收优惠政策。其中，财政政策主要包括可再生能源发电投资补贴、上网电价补贴、投资贴息补贴、研究开发补贴等。除固定上网电价、溢价补贴、差价合约外，新能源电价补贴类激励政策还包括税收抵免、拍卖招标等。税收抵免政策对于符合条件的新能源发电所有者，根据设备投资或一定期限内的每千瓦时发电量，给予个人或企业所得税抵减。拍卖招标一般是政府在确定拟招标的新能源发电规模后，通过招标方式优选招标最低电价的新能源发电技术，并约定在一定期限内，按照招标电价收购其可再生能源发电量。税收政策主要是指对可再生能源发电产业实施优惠增值税、关税和所得税以及其他地方性税种等。

二、上网电价补贴政策

上网电价补贴政策是指政府给予可再生能源发电者的发电量在一定期限内，按照上网电量，要求电网企业在一定期限内给予上网电价补贴。这种补贴是一种激励规制政策。当今世界各国，大多通过上网电价补贴政策促进可再生能源发电产业发展。我国对可再生能源发电的上网电价补贴政策以 2006 年发布的《中华人民共和国可再生能源法》正式实施拉开序幕。2006 年 1 月，国家发展与改革委员会公布实施的《可再生能源发电价格和费用分摊管理试行办法》（以下简称办法）正式构建了中国上网电价补贴政策框架。该办法规定了对太阳能发电、风力发电、生物质发电、海洋能发电和地热能发电的补贴政策。可再生能源上网电价补贴政策发展至今，越来越多的高成本可再生能源发电技术被纳入补贴范围，图 7 - 1 显示了我国可再生资源上网电价补贴的实施时间。

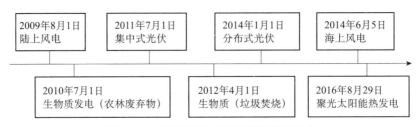

图 7 - 1　我国上网电价补贴覆盖范围变化

　　根据可再生能源发电技术水平和发展阶段不同，政府一般会不断地调整和完善可再生能源发电的上网电价定价和补贴退坡机制。其中，补贴退坡机制主要指可再生能源的发电成本会随可再生能源利用规模的扩大、发展时间的演进而降低，相应地，新注册的可再生能源发电者得到的补贴电价也会低于早前注册的发电者。我国的补贴退坡以降低补贴电价的形式和限制补贴容量的形式实施，补贴水平变化由国家发展改革委员会不定期颁布。随着可再生能源成本降低，各个种类的发电技术享受的补贴水平逐渐下降，同时纳入补贴名录的容量限制也更为严格。以风电和集中式光伏为例，风电的标杆上网电价从 2009 年的 0.51 ~ 0.61元/千瓦时降低到 2018 年中的 0.40 ~ 0.57 元/千瓦时，而集中式光伏的标杆电价由 2011 年的 1 ~ 1.15 元/千瓦时降低到 2018 年中的 0.5 ~ 0.7 元/千瓦时。2020年，财政部、国家发展改革委、国家能源局联合发布了《关于促进非水可再生能源发电健康发展的若干意见》，要求所有新增可再生能源发电项目均采取"以收定支"的方式确定，通过多种方式增加补贴收入、减少不合规补贴需求，缓解存量项目补贴压力，增强政策协同性，对不同可再生能源发电项目实施分类管理。自 2020 年起，新增海上风电和光热项目不再纳入中央财政补贴范围，由地方按照实际情况予以支持，按规定完成核准（备案）并于 2021 年 12 月 31 日前全部机组完成并网的存量海上风力发电和太阳能光热发电项目，按相应价格政策纳入中央财政补贴范围。

三、可再生能源发展基金

　　可再生能源发展基金是指通过国家财政安排公共预算收入或者依法向可再生能源的电力用户征收电价附加收入，用于支持可再生能源发电及其开发利用活动。我国主要通过从电价中征收可再生能源电价附加的方式筹集可再生能源发展基金，用于上网电价补贴。2011 年我国实施了《可再生能源发展基金征收使用管理暂行办法》，该办法说明可再生能源发展基金主要用于支持以风电和太阳能发电为代表可再生能源发电产业，从额度来看，补贴的绝大部分来自对符合条件的销售电量所征收的电价附加。随着可再生能源发电量的迅速增加，可再生能源发电的补贴需求与可再生能源发展基金之间的缺口越来越大。从刚公布的文件中能够看到，自 2020 年起，所有新增的可再生能源发电项目均将采取"以收定支"的方式进行确定。

四、可再生能源配额制

可再生能源配额制是指利用法律的形式对可再生能源发电的市场份额进行强制性规定，具体是指在地区电力需求中，必须保持消费一定额度的可再生能源发电量，是政府为了培育可再生能源发电市场，保证可再生能源发电量达到最低保障水平而使用的强制性手段。一般而言，可再生能源配额制会规定配额适用范围与责任主体、可再生能源发展目标、有效的可再生能源种类、绿色证书制度和奖惩措施。国外的可再生能源配额制一般是规定供电商、消费者每年必须消费一定额度的绿色电力，未完成的必须向国家支付一定的费用。与上网电价补贴不同，可再生能源配额制能够保证市场需求，增强可再生能源投资者的生产信心，调动技术研发积极性，从而合理体现政府的宏观调控意图。2018 年 3 月，国家能源局发布的《可再生能源电力配额及考核办法》首次明确了 2018 年、2020 年各省份的可再生能源电力总量配额指标、非水电可再生能源配额指标以及相关考核办法。

五、净计量电价政策

净计量电价政策是指拥有可再生能源发电设施的用户可以根据向电网输送的电量，从自己的电费账单上扣除一部分，即仅计算用户净消费电量。净计量电价政策主要是针对分布式可再生能源、小型发电用户，如家庭太阳能、风能等。如果不实施该政策，小型发电用户需要承担可再生能源装置和高额发电成本。但是这种政策需要大量计价设施，实施成本较大。当前，全球 30 多个国家已经实施了净计量电价制度，主要有加拿大、美国、丹麦、英国、意大利、巴西、智利。我国还未开始试行净计量电价政策。

六、绿色电力证书制度

绿色电力证书是指由政府机关给可再生能源发电者的上网电量颁发的具有唯一标识代码的电子证书，是可再生能源发电量的确认和属性证明以及消费绿色电力的唯一凭证。绿色证书制度一般要与其他制度配合使用，一般与配额制度和价格制度。全球很多国家通过颁发绿色电力证书，由消费者按照规定价格自愿认购，甚至有的根据配额需要强制认购。可以说，可再生能源绿色电力证书制度是国际上普遍采用的促进可再生能源行业发展的制度，是为引导全社会绿色消费，促进清洁能源消纳利用，进一步完善风电、光伏发电的补贴机制。2017 年 1 月，国家发改委、财政部、能源局三部委联合发布了《关于试行可再生能源绿色电力证书核发及自愿认购交易制度的通知》，标志着绿色电力证书制度正式在我国试行，试行为陆上风电、光伏发电企业（不含分布式光伏发电）所生产的可再生能源发电量发放绿色电力证书。该办法实施将依托可再生能源发电项目信息管理系统，在全国范围内试行可再生能源绿色电力证书核发和自愿认购。认购价格按照不高于对应可再生能源发电量电价附加资金补贴金额，并且由买卖双发协商或者通过竞价方式确定认购价格。风电、光伏发电企业将可再生能源绿色电力证书出售后，其相应的发电量将不再享受电价附加资金补贴。同时，绿色电力证书一经认购，认购者不能再次出售。我国绿色电力证书由国家可再生能源信息管理中心负责对外销售。

第二节　可再生能源发电行业规制效果分析

本书从规制经济视角出发，分析当前使用规制工具对可再生能源发电产业总量、价格、进入和法律规制效果，并提出政府规制工具改善策略，以期为政府更好地制定规制政策提供有益参考。

一、总量规制效果

总量评价指标是衡量垄断行业改革是否起到促进投资，增加产品供给量的一个重要指标。在衡量总量时，可以选取行业规模、投资规模、从业人员、供给量等具体指标。通过对比这些指标在改革政策实施前后的变化判断改革政策对总体发展所产生的影响。这里最重要的指标是与投资和供给量相关的指标，这与当前中国改革政策取向有关，因为中国当前改革很多是为了刺激投资量和增加供给量。对于可再生能源发电产业总量规制效果，主要从各类可再生能源的装机容量和发电量观测可再生能源发电行业的总量规制效果。

2005 年我国实施各种支持政策以来，2018 年，各种可再生能源发电装机容量和发电量均居世界首位。从表 7 - 1、表 7 - 2 可以看出，我国可再生能源发电装机容量从 2005 年的 12048 万千瓦增加到了 2018 年的 72800 万千瓦，占全部电力装机的 38.3%，年均增速 14.8%。其中，水力发电、风力发电（并网）、太阳能发电（并网）、生物质发电装机容量分别为 35226 万千瓦、18426 万千瓦、17463 万千瓦、1781 万千瓦。可再生能源发电量从 2005 年的 4033 亿千瓦时增加到了 2018 年的 18671 亿千瓦时，占全部发电量的 26.7%，年均增速 12.5%。其中，水力发电、风力发电（并网）、光伏（并网）、生物质发电装机容量分别为 12329 亿千瓦时、3660 亿千瓦时、1775 亿千瓦时、906 亿千瓦时，分别占 2018 年全年可再生能源发电量的 66.03%、19.60%、9.50%、4.84%。从中可以看出，近十几年来，我国通过电价补贴、税收减免等激励性规制政策激励社会各界投资于可再生能源发电量的增加，刺激了可再生能源发电行业迅速发展。政府可再生能源支持政策总量规制效果良好。

表 7 - 1　2005 ~ 2018 年中国可再生能源发电主要分类装机容量　　单位：万千瓦

年份	装机容量	水力发电	风力发电（并网）	太阳能发电（并网）	生物质发电	地热海洋能发电
2005	12048	11739	106		200	2.5
2006	13489	13029	207	0	250	2.5
2007	15546	14823	420	0	300	2.5
2008	18429	17260	839		327	2.8
2009	21855	19629	1760	0	460	2.8
2010	25143	21606	2958	86	550	2.8
2011	28846	23298	4623	222	700	3
2012	32104	24890	6083	650	800	3
2013	38342	28002	7548	1942	850	3
2014	43935	30444	9686	2805	1000	3
2015	48000	31937	12830	4318	1031	3
2016	57000	33211	14864	7742	1214	3
2017	65000	34119	16367	13025	1490	3
2018	72800	35226	18426	17463	1781	3

注：表中装机容量数据与各可再生能源装机容量数据之和有差异，主要是由部分数据缺失造成的。

表 7 - 2　2005～2018 年中国可再生能源发电主要分类发电量情况

单位：亿千瓦时

年份	发电量	水力发电	风力发电（并网）	光伏发电（并网）	生物质发电	地热海洋能发电
2005	4033	3964	16	0	52	1
2006	4247	4148	28	0	70	1
2007	4869	4714	57	0	97	1
2008	5934	5655	131	0	147	1
2009	6201	5717	276	0	207	1
2010	7611	6867	494	5	248	1.5
2011	7745	6681	741	18	315	1.5
2012	10061	8641	1004	41	380	1.5
2013	10758	8921	1383	85	370	1.5
2014	13094	10601	1598	250	500	1.5
2015	13767	10985	1863	392	527	1.5
2016	15526	11807	2410	662	647	1.5
2017	16979	11945	3057	1182	794	1.5
2018	18671	12329	3660	1775	906	1.5

注：表中发电量数据与各可再生能源发电量数据之和有差异，主要是由部分数据缺失造成的。

二、价格规制效果

价格评价指标是评价垄断行业改革绩效的重要组成部分，也是其核心部分之一，因为垄断行业改革很大一部分目标是降低价格，保护消费者福利，提高整个社会的福利水平。一般而言，评价垄断行业改革绩效的价格指标主要有以下几个：产品或服务的价格水平、市场结构、扰动因素等内容，其中最重要的指标是产品或服务的价格水平。在一般情况下，企业垄断程度越高，产品或服务的价格也越高；反之，则产品或服务的价格越低。但是，由于可再生能源发电行业还不属于垄断行业，主要是为了保护环境和作为替代资源，为了激励投资，实行价格补贴制度，可再生能源电价明显要高于火电、核电电价，但是这并不表明价格高，垄断程度就高。

可再生能源发电产业属于新兴产业，在发展初期，市场竞争力比较弱，政府为了培育其市场竞争力，一般采取各种激励性规制措施。其中，最常见的就是上网价格补贴政策。全球有 60 个以上的国家已经实施该政策。国外对于可再生能源发电行业规制，一般通过溢价补贴、实施配额制、签订实物或金融协议等多种方式保障新能源收益，使新能源能够以低电价参与市场竞价实现优先上网。从国外新能源发展的历程来看，基于固定上网电价、由电网企业统购统销且不参与电力市场对新能源产业发展激励力度最大，但主要适用于新能源发展初期，可推动新能源快速形成一定的规模。随着新能源发电规模增加，参与电力市场是新能源的必然选择。部分国家虽然早期采用固定上网电价由电网企业统购统销新能源，但随着新能源规模增加导致的补贴压力以及电网运行压力增加，它们纷纷做出政策调整，促进新能源直接参与电力市场。

我国实施的上网价格政策还有待完善。一开始价格补贴比较高，出现了各地大规模开发可再生能源发电产业，后期出现了产能过剩和价格补贴缺口越来越大。从表7-3可以看出，2006年以来，可再生能源平均上网电价处于下降趋势，这一方面是激励规制的效果；另一方面也表明可再生能源发电规模越来越大，技术越来越先进，成本也在逐渐下降，实现了价格规制效果。

表7-3　2006～2018年风力发电、光伏发电、水力发电平均上网电价

单位：元/千瓦时

年份	平均上网电价	平均销售电价	风力发电	水力发电	光伏	生物质发电
2006	330.53	499.32				
2007	336.28	508.51	617.58	244.04		
2008	360.34	523.10	542.48	266.06		
2009	381.99	530.72	553.61	245.18		
2010	384.56	571.22		291.20		
2013	383.54	635.49	562.31	283.19	1064.37	720.23
2014	398.65	647.05	597.67	297.76	1075.82	846.14
2015	388.25	644.16	573.99	275.19	926.72	705.05
2016	370.97	614.83	564.72	264.60	938.21	745.02
2017	376.28	609.10	547.77	267.89	874.71	691.81
2018	373.87	599.31	529.01	267.19	859.79	677.99

三、进入规制效果

对于可再生能源发电行业的进入规制措施主要是许可、核准、审批制和制定标准。可再生能源涉及众多部门，对于其进入规制也就涉及多种市场准入方式。从规制目标来看，有关政府部门会基于宏观调控、发展规划和产业政策要求，对可再生能源发电项目实行审批、审核和备案。我国主要是由国家发改委负责全国项目的规划、政策制定和需要国家核准或审批项目的管理，其中主要是主要河流上建设的水电项目和25万千瓦及以上的水电项目和5万千瓦及以上风力发电项

目。其他类型可再生能源发电项目由省级人民政府能源主管部门核准或审批，并报国家发改委核准或审批。另外，对于生物质发电、地热能发电、海洋能发电和太阳能发电项目可以向国家发改委申报，国家给予政策和资金支持。但是，除了以上规制措施外，还有基于技术、安全要求、社会、环境、文物保护、土地利用方面的规制，需要许可或者审批。尤其是在开发一些可再生能源发电项目要考虑一些非物质文化遗产保护①。从准入的环节来看，太阳能资源、风能资源等公共可再生能源的开发利用无须许可。但是地热资源、水能资源、海洋能资源属于国家所有，还需相关部门许可。从中可以看出我国对于可再生能源发电行业进入规制并不严格。但是，由于可再生能源还涉及其他相关部门，还有很多其他相关进入规制，但有收紧的趋势。这种比较松的进入规制效果比较明显，我国可再生能源发电项目逐年增多，且有产能过剩趋势。

四、法律规制效果

自 2005 年可再生能源立法以来，我国制定了一系列有关可再生能源的政策规范，逐渐充实完善可再生能源政策体系，目前来看，政策制定主要分了三个阶段。第一阶段是立法扶持阶段（2005～2014 年）。2005 年通过《中华人民共和国可再生能源法》，标志着我国对可再生能源规制有了专门法律规制框架，同时确认了可再生能源发电模式和相关收购规定。为了保证该法实施，2006～2014 年，我国还制定了一系列的政策规范。例如，2006 年颁布的《可再生能源发电价格和费用分摊办法》、2009 年发布的《关于完善风力发电上网电价政策的通知》、2011 年颁布的《关于完善太阳能光伏发电上网电价政策的通知》和《关于发挥价格杠杆作用促进光伏产业健康发展的通知》，这些政策从补贴资金、风力上网电价、光伏上网电价方面进行了明晰规定。2012 年党的十八大召开以来，我国环境保护进入全面发展阶段，这一阶段我国新能源发展进入规模和标准化的兴起阶段②。第二阶段是助力消纳阶段（2015～2016 年）。2015 年颁布的"电改 9 号文"标志着我国新一轮的电改开始，一系列关于电改的配套文件相继出台，其中主要有《关于推进电力市场建设的实施意见》《关于有序放开发用电计划的实施意见》《关于开展可再生能源就近消纳试点的通知（暂行）》以及 2016 年颁

---

　　① 参见张兆林. 非物质文化遗产保护实践中的商业活动探究——以我国传统木版年画为核心个案 [J]. 艺术百家，2018，34（1）：240-245.
　　② 参见张宪昌. 我国新能源产业发展政策研究 [M]. 北京：经济科学出版社，2018.

布的《可再生能源发电全额保障性收购管理办法》。这些规定都是在于完善如何消纳可再生能源发电量以及如何进行收购。针对各省（区、市）还下发了《关于改善电力运行调节促进清洁能源多发满发的指导意见》，要求各省（区、市）政府主管部门采取措施落实可再生能源发电全额保障性收购制度。第三阶段是引导消费阶段（2016 年至今）。"十三五"时期，对于可再生能源发电行业的主要目标是提高可再生能源在能源消费中的比重，争取在 2020 年实现非化石能源占一次能源消费总量比重达到 15% 的目标。为此，2016 年国家能源局出台《关于建立可再生能源开发利用目标引导制度的指导意见》。为了引导全社会进行绿色消费，促进可再生能源开发利用，2017 年又颁布了《关于实施可再生能源绿色电力证书合法及自愿认购交易机制的通知》，建立可再生能源绿色电力证书认购体系，明确了"绿证"的核发认购规则。2017 年和 2018 年，国家能源局分别发布《关于 2017 年度风电投资监测预警结果的通知》和《关于 2018 年度风电投资监测预警结果的通知》，该预警机制的出台对于指导风电投资、抑制非线性投资具有很强的指导意义。2019 年 5 月 10 日，国家发改委、国家能源局发布《关于建立健全可再生能源电力消纳保障机制的通知》（发改能源〔2019〕807 号，以下简称"807 号文"）。从中可以看出，我国可再生能源发电行业的法律规制框架从不健全、政策漏洞过多到逐渐完善，法律规制效果也越来越好，促进我国可再生能源发电产业向良好方向发展。

第三节　可再生能源发电行业规制过程中存在的问题

自 2006 年以来，我国对于可再生能源发电产业激励规制政策主要以上网电价补贴和可再生能源发展基金协同方式支持发展。该政策对促进可再生能源发电产业迅速发展起到了重大推动作用。随着可再生能源发电技术快速进步、市场规模迅速扩大，我国可再生能源发电已经出现从范围和区域方面逐渐开始替代不可再生能源发电的替代趋势，并且产业实力也在全球范围内显著提升，从装机容量和发电量指标方面看，我国已成为全球第一可再生能源发电国。但是，这种变化背后，可再生能源发电产业系统兼容和政策机制保障等方面也面临着各种挑战，且前期的较高比例限电、电价补贴缺口、规划建设配套等问题凸显，亟须可再生能源政策和创新机制支持。

一、可再生能源发电行业的支持政策与电力市场化改革进程不相适应

2015 年，"电改 9 号文"明确规定加快构建有效竞争的电力市场结构和市场体系，加强市场在电力资源配置中的决定性作用。随着电力生产方式和消费方式的转变以及电力市场化改革的逐渐深入，电力行业市场化改革的大势不可逆转，尤其是在发电端和销售端市场化改革已经加速推进。可再生能源发电行业的上网电价补贴和全额收购等高电价保障政策，与基于市场化改革进程和市场交易的竞争性电量安排明显冲突。

二、过度激励造成了可再生能源发电产业产能过剩

"高上网电价""补贴资金中央政府承担"与"项目审批权下放地方"三项政策作用叠加，导致对集中式可再生能源发电投资的过度激励。2006 年以来，可再生能源发电产业迅速发展，其中东北、西北等地可再生能源发电项目建设过多，但是本地消纳能力有限、电源电网不协调等资源配置不当问题，导致弃风、弃光、弃水电现象严重，造成了巨大的资源浪费。2017 年，我国弃风率、弃光率、弃水率分别为 12%、6%、4.3%，而 2018 年弃风率、弃光率、弃水率分别为 7%、3%、5%。虽然有所下降，但近年来可再生能源发电企业（尤其是上游的发电设备制造商）市场竞争激励，导致利润率不断降低，亏损严重也是不争的事实。这些现象都表明当前的可再生能源发电产业正面临短期产能过剩与长期产能不足的双重矛盾之中，制约了可再生能源发电产业的健康和可持续发展。

三、电网规划和通道建设难以满足可再生能源发电和送出需要

当前，我国可再生能源开发的原则是就地消纳为主，但是能源规划没有配套规划输电通道，最终造成并网难和外送难的局面。我国 80% 以上的风能、太阳能分布在西部和北部地区，85% 以上的待开发水能资源分布在西南地区，当地用电负荷有限，需要跨区跨省消纳，区域性电源矛盾突出。这也与风电、光伏发电的产出受自然条件影响有关，存在比较大的波动性，大规模并网后，给电力系统的调度运行带来了较大挑战。当前，我国电力系统尚不完全适应如此大规模波动性新能源的接入。从 2016 年、2017 年、2018 年特高压线路输送电量数据看，可再生能源外送尤其是风光外送消纳的总电量和比例有限，在外送通道中电量比例有一定提升但线路输送电量仍以火电为主。技术是一方面因素，机制体制上还有

很多需要突破和解决的问题。

四、可再生能源发电成本较高和市场竞争力较弱

可再生能源发电成本较高和市场竞争力较弱一直以来是制约可再生能源发电产业可持续发展的关键问题。与传统化石能源以及核能发电成本相比，可再生能源中仅有水电能够与其相竞争，风力发电、光伏发电和生物质能发电成本都比较高。这也是各国对可再生能源发电产业从法律和政策上对其进行保护和补贴的原因。中国的《可再生能源法》中就明文规定，电网企业有责任按照政府制定的标杆电价全额收购可再生能源电力，超出市场价格的部分在全网消费者之间进行分摊。可见，当前可再生能源发电产业如果离开了政府的支持，还很难生存，竞争力较弱。

五、可再生能源补贴缺口较大

我国一直利用可再生能源发展基金支持可再生能源发电产业发展。可再生能源发展金主要来源于国家财政年度安排的专项资金和依法征收的可再生能源电价附加。虽然中央财政一直积极支持可再生能源发电，但囿于装机规模发展超出预期等原因，可再生能源发电的补贴需求与电价附加征收之间缺口较大，以致部分企业补贴资金不能及时到位。根据财政部的统计，可再生能源补贴缺口已达到1000亿元左右。

第四节　可再生能源发电行业发展趋势与政策支持体系

按照国家"十三五"发展规划，到2020年和2030年，国内非化石能源实现分别占一次能源消费比重15%和20%的目标。由此，提出到2020年，水电装机达到3.8亿千瓦（其中含抽水蓄能电站4000万千瓦）、风电装机达到2.1亿千瓦以上、太阳能发电装机达到1.1亿千瓦以上、生物质能发电装机达到1500万千瓦、地热供暖利用总量达到4200万吨标准煤的发展目标，是紧紧围绕2020年非化石能源在一次能源消费总量中占15%的比重目标要求提出的。从这些数字上可以看出，可再生能源整体都将在"十三五"时期实现快速发展，并将成为"十三五"中国能源和电力增量的主要构成部分。

一、优化规制政策工具，构建竞争性可再生能源市场政策支持体系

从总量规制、价格规制、进入规制和法律规制效果来看，我国可再生能源发电量迅速增加，价格也在逐渐下降，企业数目也在迅速增加，法律框架体系逐渐完善，但是这种规制政策支持并不可持续。虽然我国可再生能源政策转型尚处于起步阶段，但是如果不在体制上和政策工具上进行深层次变革，未来消纳可再生能源电力的难度将越来越大。应尽快构建竞争性市场政策支持体系，利用更多市场化规制工具，如绿色电力证书交易制度、差价合约等新型市场化政策工具。在可再生能源的立项和资金支持方面，也应引入竞争机制，要进一步加强总量约束和结构优化，以提高补贴资金的使用效率，降低消费者负担。在上网价格方面，风力发电、光伏发电上网补贴将逐步取消，平价上网将成为趋势。

二、加强配套可再生能源输配售建设，优化资源配置能力

当前，可再生能源发电行业出现了弃风、弃电、弃水的重要原因是电网与电源设施不配套，电网消纳有限，系统调峰压力较大，跨区输电通道建设滞后和协调难度大，特高压通道的输电能力不足，存在新能源外送受限问题，市场化交易机制不健全，市场配置资源的决定性作用还没有充分发挥。因此，要不断加强可再生能源通道建设，提高可再生能源输电能力，提高存量跨省份输电通道可再生能源输送比例，实施城乡配电网建设和智能化升级，增强电网分布式清洁能源接纳能力以及对清洁供暖等新型终端用电的保障能力。加快电力市场化改革，完善电力中长期交易机制，扩大清洁能源跨省份市场交易，统筹推进电力现货市场建设，全面推进辅助服务补偿（市场）机制建设，发挥市场调节功能。

三、实施补贴退坡机制，逐步实现可再生能源发电市场化定价

世界各国在支持可再生能源发电产业发展时，会随着产业规模扩大和技术水平不断提高逐渐实施补贴退坡机制。当前，我国一些风力发电、光伏发电项目技术水平已经可以和燃煤发电进行同台竞争，因此上网电价可以逐渐实现市场化竞价。根据2017年11月8日公布的《国家发展改革委关于全面深化价格机制改革的意见》，2020年实现风电与燃煤发电上网电价相当的发展目标。《关于2018年光伏发电项目价格政策的通知》明确，降低2018年1月1日之后投运的光伏电站标杆上网电价。随着风电、光伏标杆上网电价退坡机制稳步

实施，未来风电、光伏上网标杆电价下调，逐步实现风电、光伏平价上网已经成为定局。

四、以技术创新推动可再生能源发电产业发展，构建多元化商业模式

近年来，可再生能源技术创新水平逐渐提高。可再生能源并网、输配送技术和储能技术已经实现一定突破。这有利于利用技术创新对可再生资源发电量进行更加优化的资源配置。例如，推动新型储能技术发展及应用，特别是在调峰调频需求较大、弃风弃光突出的地区，结合电力系统辅助服务市场建设进度。2017年，国家能源局出台了一系列相关政策在完善市场机制，同时也为未来新能源的多元开发模式提供了参考依据，促使新能源开发建设将由低附加值开发向高附加值开发模式转变。

第八章
中国输配售电行业规制与发展

输配售电行业是具有资金、技术、规模经济性和网络经济属性的自然垄断行业，与发电行业密切相关，且与经济社会生活紧密联系，对国计民生影响巨大。但是，输配售行业在运行上具有特殊性，导致其市场体系和交易机制与一般商品市场存在较大差异。因此，如何对输配售电行业进行规制和市场化改革，促进其与发电量行业协调发展，实现电力行业最优资源配置，进而提高社会福利，是本章研究输配售电行业的主要原因。本章主要分析输配电行业的特征、规制措施与未来发展趋势。

第一节　输配售电行业的特征分析

虽然自然垄断行业都有一些共性特征，如规模经济、网络经济、普遍服务，但是每一个自然垄断行业又具有其独特的经济特征和社会属性。政府在对其进行规制时，需要首先把握每一个自然垄断的基本特征和社会属性。输配售电行业最重要的经济特征就是具有明显的规模经济和范围经济特征，并且提供的电力产品具有一定的公共产品属性，因此需要承担普遍社会服务的职能。

一、输电行业的特征

输电指的是从发电厂或发电中心向消费电能地区输送大量电力的主干渠道或不同电网之间护送电力的联络渠道。所有输电设备连接起来组成输电网。输电网构成电力系统的主要网络结构，是以高电压或超高压将发电厂与变电所或变电所之间连接起来的送电网络。输电网根据电压等级、输送距离又分为不同的类型，如特高压输电网、区域电网、全国电网等。

1. 规模经济

自然垄断行业一般都具有规模经济性，即在一定技术水平下，长期平均成本会随着生产规模的扩大呈现不断下降的趋势。就输电行业而言，随着电网输电能力的增加，其传输单位电量的平均成本会呈下降趋势。Weiss（1975）根据统计数据分析得出，电网具有明显的规模经济。Jowkow 和 Schmalensee（1983）指出，电网的规模经济主要来源于电网电压的提高（电压提高 2 倍，输电能力提高 4 倍）和同一输电通道多回输电线路的使用。

2. 范围经济

范围经济是指一个企业生产多种产品的成本低于分别由每一个企业生产每种产品成本之和。由于电能不能大量储存，发电、输电、配电和用电都是瞬间完成的，也就是电能的生产、供给和销售是同时完成的。从技术角度看，不同电压等级电网之间是相互依存的，不同电压等级的电网必须严格按照电力安全的技术约束条件进行连接，才能确保电网的频率稳定、电压合格、传输安全等。在电网控制运行上，中国实行半军事化管理，下级电网调度必须无条件服从上级电网的调度命令。因此，不同电压等级的电网具有显著的纵向一体化特点，如果这些服务分散到不同的经济主体，将产生较大的协调成本，也会导致较大的系统风险。因此，输电行业都是由国家电网控制，多种功能可以同时实现，也就能实现范围经济。

3. 公共产品属性

公共产品属性最重要的特征是非排他性和非竞争性，输电行业也具有这种特性。对于输电行业，稳定运行的电网必须电压和频率合格，在整个输电行业，所有用户都要保持相同的频率，否则就容易出现大规模停电事故。虽然有时可以调整电压和频率，但是这种调整可能影响各种电器正常工作。但是，消费者不愿意承担不合格电压和频率的电力产品的成本，而是愿意做相关受益者。同时，从技术上讲，消费者从合格的频率和电压上所得到的收益大小也是无法计量的，因此保持整个电力系统频率和电压的稳定只能是一种公共品，并由电网提供。

4. 网络经济

网络经济性是指连接到一个网络的价值取决于已经连接到该网络的其他人的数量。输电电网是一个典型多个节点连接构成的网状系统。输电行业的建设需要投入大量的固定资本。这些固定资本成为沉没成本，并且具有很强的资产专用性，很难转化为其他用途。如果在一个区域内有两家或者两家以上的输电企业，必然造成重复建设、毁灭性竞争和资源浪费。因此，输电领域具有明显的网络经济特征、规模经济、固定成本沉没性，由此也就具有较强的自然垄断性。

5. 普遍服务性

电是现代社会必不可少的能源，保障居民都能用上电是政府的重要责任，因此电网企业一般都承担着普遍服务的责任与义务，如中国实施的"川藏联网"工程、"户户通电"工程就是为了解决经济较为落后地区的无电和少电问题，因此电网企业一般都被定义为公用事业性企业。从经济理性角度考虑，企业以追求利润最大化为目标，那么输电企业往往会只去业务量大和利润高的区域输电，不在一些偏远落后地区铺设输电网络，因为这些地区会亏损。因此，一般都规定输电网络必须对全社会具有普遍服务的义务。为了弥补亏损，输电行业一般会在不同业务、不同地区间实行交叉补贴。

二、配电行业的特征

配电网主要指电压等级较低的电网，一般供电范围在几十公里以内，配合在某地区本地供电。配电网从输电网中获得电能，将电压降至适合农业、工业、服务业和居民用电的电压等级。配电行业就是从事这些业务的企业集合，其特征主要有以下几点：

（1）规模经济。配电领域规模的扩大可以增加电网利用者的数量，进而获得密度经济效益，降低配电成本。但是，随着配电网络区域的扩大，规模经济性将会下降。

（2）成本次可加性。由于配电网络规模经济性较强，平均成本在现有的产量水平上持续下降，因此配电网络满足成本的次可加性。

（3）范围经济。配电领域的范围经济主要表现在某些国外配电公司在经营配电业务外，同时可以经营自来水、煤气和城市供热等其他业务。

（4）网络经济。配电网也是一个典型的由多个节点连接构成的网状系统。配电行业的建设需要投入大量的固定资本，但是相对于输电行业较少。这些固定资本成为沉没成本，并且具有很强的资产专用型，很难转化为其他用途，因此一旦进入配电行业很难再退出。如果在一个区域内有两家或者两家以上的配电企业，必然造成重复建设、毁灭性竞争和资源浪费。因此，输电领域具有明显的网络经济特征、规模经济、固定成本沉没性，应维护配电领域的自然垄断结构，避免自由竞争。

三、售电行业的特征

售电行业是指提供售电服务企业的集合。售电行业拥有自己电网，但是固定资产投资比较小，企业进出行业壁垒较小，进入退出比较容易。因此，售电行业没有很强的规模经济性、网络经济性和沉没成本，但需要良好的服务和可靠的品牌进行市场竞争。因此，售电行业不具有自然垄断性，具有一般竞争性行业特征。

综上所述，输电行业和配电行业都具有较强的自然垄断性特征，其中配电行业自然垄断性不强，不存在自然垄断。因此，政府在规制输配售电行业时，根据这些行业的特征，采取不同的规制方法和政策。世界各国一般在输电、配电行业实行垄断性的市场结构，采取激励性规制措施引导输电、配电企业改进管理和运行效率，实现资源的优化配置，在保障输电、配电企业不亏损的前提下，实现社会福利最大化。而售电领域不具备自然垄断性，应引入充分的竞争。

第二节　国内外输配售电行业改革状况

由于输配售电行业的规模经济性和网络性产业特征，世界各国电力行业长期实行垂直垄断经营和政府管制。从 20 世纪 80 年代开始，受自由主义经济思潮的影响，西方国家开始以放松管制和引入竞争为核心的电力市场化改革，改革趋势是建立发、输、配、售相互独立运转的体制，各个环节都独立负责运营。但是随着实践的不断深化发展，这种电力体制改革忽视了输配售电行业网络效应和规模经济，通过产业上下游分拆模式进行规制模式的缺陷也日益凸显。

但是西方各国在输配售电行业独立拆分后，各自的功能定位有一定差异，如英国是全球电力市场改革较早的国家，电力环节功能独立，电力公司拥有独立配网资产，能够提供配网的规划、维护和运行业务，也向零售公司提供辅助服务，向市场参与者收取配网的过网费和并网费，售电公司向用户提供销售电量业务，将批发市场上购买得到的电量以不同的用电套餐出售，从中赚取差价获取收益；美国配电公司负责本地输配电服务，配电费用的收取业务，重视市场的开发工作，提供抄表计费等与用户直接接触的服务。德国售电公司优化用电付款方式，允许用户可通过选择转账或预支付等方式获得不同程度的优惠，同时提供额外奖励金的方式不断吸引外来客户。澳大利亚的一些售电公司为用户提供优惠程度不一的合同，由用户自由选择，期限可以是固定的，也可经双方自由协商确定。美国 Stem 公司则专门针对用户制定专属用电服务，最大可能节省用户用电费用。

在国内，电力行业在很长一段时间内都是垂直一体化结构，发、输、配、售电为一体。在发展过程中，结合国外电力体制改革的经验和教训，借鉴成功的市场模式和结构，考虑到我国电力行业发展的实际情况，我国也逐步开展了电力体制改革。继 2002 年 2 月颁发的《国务院关于印发电力体制改革方案的通知》（国发〔2002〕5 号）打破垂直一体化电力体制改革后，我国电力行业实现了厂网的分离，但输配电环节仍然是垄断性质，由电网公司一家负责。2015 年 3 月，再次出台《关于进一步深化电力体制改革的若干意见（中发〔2015〕9 号），以下简称"新电改 9 号文"》，掀起了新一轮电力体制改革的热潮。新电改 9 号文重点提出"三放开、一独立、三强化"，其中"三放开"指的是：有序放开输配以外的竞争性环节电价，有序向社会资本开放配售电业务，有序放开公益性和调节性以外的发用电计划。针对有序向社会资本开放配售电业务，国家发展改革委和国家能源局又联合发布《售电公司准入与退出管理办法》和《有序放开配电网业务管理办法》，两个相关配套文件明确了改革过程中社会资本成立售电公司的准入与退出条件，实施售电业务的权利与义务范围等方面的内容。本次新电改最大的亮点就是售电侧的放开，允许、鼓励社会资本开展配售电业务，配售电领域的巨大红利吸引了越来越多的社会资本进入售电市场，成立售电公司，拥有更多的选择权，"多买多卖"的市场格局将逐渐形成，这些都会给电网公司在配售电业务上带来前所未有的压力，形成激烈的竞争。

从国内外输配售电行业改革可以发现，国外较早的电力体制改革使输配售电业务都有专门的公司独立运营，分工明确，市场化程度较高，区别于国内的现实情况。国内传统的输配售电业务都是电网公司在一家独大的情况下开展的，垄断性质过强，多业务存在较大的局限性，无法体现新电改带来的竞争性、新时代特征，以及科技创新性。因此，寻找符合新电改的环境，满足新电改政策提出的新要求的配售电业务上，还需要进行大量的工作。

第三节　输配电产业体制改革历程

我国输配电产业体制改革大体上经历了五个历史发展阶段：国家独家垄断经营阶段、引入社会投资阶段、政企分类阶段、厂网分开阶段、市场化阶段。

一、国家独家垄断经营阶段（1985 年以前）

1985 年以前，我国发输配售电行业实行政企合一的国家垄断经营，输配售电产业为国家一个机关部门。这一阶段，电力经常出现短缺，突出矛盾是由管理体制引起的。图 8 – 1 实线框显示了该阶段我国发电、输配电、售电一体的体制结构。

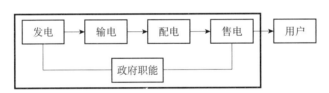

图 8 – 1　国家独家垄断经营的体制结构

二、引入社会投资阶段（1985～1987 年）

1985～1987 年为了解决我国电力供给短缺问题，在发电行业实行部分对外开放，引入各种社会投资。这一措施缓解了我国电力供不应求的局面，但是政企合一的独家垄断经营和发输配售电行业一体化管理并没有改变，并未解决体制性矛盾。图 8 – 2 显示了该阶段我国发电、输配电、售电一体的体制结构，总体与上一阶段区别不大，只是在发电环节有外部资金介入。

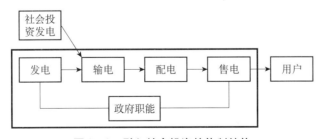

图 8 – 2　引入社会投资的体制结构

三、政企分类阶段（1997～2000 年）

这一阶段的重点是解决政企合一问题，为此成立了国家电力公司（图 8 - 3 中的实线框部分），将一些行业管理职能从政府机关移交到经济综合管理部门，并且开始探索市场化改革。

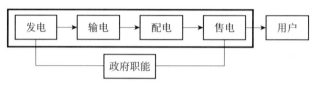

图 8 - 3　政企分离阶段的体制结构

四、厂网分开阶段（2002～2015 年）

2002 年，国务院颁布《电力体制改革方案》（以下简称"5 号文"），标志着电力体制改革的开端。这次改革的核心是实施厂网分开，竞价上网；重组发电和电网企业；从纵横双向彻底拆分国家电力公司。为此，国家电力公司按"厂网分开"原则组建了两大电网公司、五大发电集团和四大电力辅业集团。图 8 - 4 中的实线框部分表示具有自然垄断性质的输配电产业。

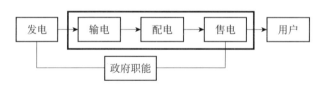

图 8 - 4　厂网分开阶段的体制结构

我国电网呈现寡头垄断格局，国家电网与南方电网输电线路占比超过 90%。其中，国家电网负责 26 个省份的业务，并且几乎独占 500 千伏和 330 千伏的输电和变电业务，在 220 千伏和 110 千伏输电和变电业务中也处于垄断地位。南方电网负责广东、广西、云南、海南、贵州 5 省份的电网运营。截至 2018 年底，全国已经形成了华北、东北、华中、华东、西北、南方六个大型区域交流同步电网，除西北电网以 750 千伏交流为主架网外，其他电网以 500 千伏交流为主网架，华北电网和华东电网建有 1000 千伏特高压工程。国家电网 110 千伏及以上输电线路长度为 103.34 万千米，占我国输电线路长度的 77%，南方电网输电线路长度为 22.67 万千米，占总长度的 17%，余下 6% 的输电线路主要归一些地方小电网所有。我国电网资产重组后的结构如图 8 - 5 所示。

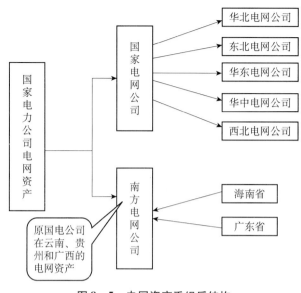

图 8 - 5　电网资产重组后结构

五、市场化阶段

2015 年，国务院颁布《关于进一步深化电力体制改革若干意见》（以下简称"9 号文"），同时下发了电力市场建设、交易机构组建和规范运行、发用电计划有序放开、输配电价改革、售电侧改革及规范自备电厂六个核心配套文件。"9 号文"和六个配套文件推进了我国电力行业进行深层次市场化改革，推进了上网电价市场化和销售电价的市场化竞争，使电力市场更加有活力、有效率、公平和便利。图 8 - 6 是此次电力改革的核心思路。这次改革的重点是区分发输配售电环节的竞争性和垄断性，还原电力的商品属性，形成由市场决定电价的机制，以价格信号引导资源有效开发和合理利用。改革后会在发电侧和售电侧形成有效竞争，逐步放开上网电价和销售电价，进行市场化定价。输配电价逐步过渡到按照"准许成本加合理收益"（即准许收入）原则，分电压等级核定。国家独立核定输配电价后，电网的盈利模式由过去依靠"低价买上网电价，高价卖销售电价"转变为"成本加合理收益"的模式，电网环节收费进一步规范，大大降低了企业的用电成本。这样就理顺了电价形成机制，最终实现上网电价和销售电价市场化，而输配电价由国家独立核算。

综上所述，我国输配售电行业从一开始由国家垄断经营，到 2002 年的厂网分开，发电行业与输配售电行业分离开来，接着在各个区域组建电力公司，最后

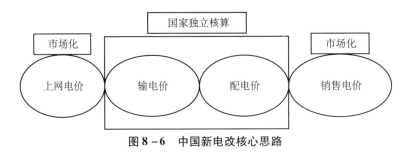

图 8 - 6　中国新电改核心思路

逐渐将配售电行业分离出来，并且在电价和配售电方面引入竞争机制，成立全国电力市场。

第四节　输配售电行业规制手段

一、价格规制

输配售电行业的价格规制是政府或法律授权的政府机构依据法律、规则对输配售电企业的价格及其行为进行限制。价格规制通过事前的价格规定，减少输配售企业利用垄断地位造成的社会福利损失，也可以避免消费者和企业之间高昂的谈判成本和预期收益的不确定性，促进资源的优化配置和社会的公平公正。

输配售电行业价格规制一直是电力行业规制的重点，也是当前研究的重点。过去，我国在电力行业实行完全垄断，对发配输售电行业进行直接规制。一般来说，电价有三种定价方式：一是政府定价。这种定价形式一般适用于发输配售电一体化垄断经营背景下的电价销售价格确定。二是协议定价。这种定价形式一般适用于用电大户或者对用电有一定特殊要求的买方与电力企业卖方通过订购协议，协商一致形成的电价。三是市场竞争定价。这种定价形式主要是通过国家或者行业制定一些竞价规则，在电力市场引入价格竞争机制，形成买卖双方竞价机制。

在我国的电价制定中，除了政府指令性电价还有政府指导性电价和市场竞争电价、发电企业上网电价。《中华人民共和国电力法》第五章第三十五条规定，"本法所称电价，是指电力生产企业的上网电价、电网间的互供电价、电网销售电价。电价实行统一政策，统一定价原则，分级管理"。电力价格体系主要包括上网电价、输配电价和销售电价。上网电价是电力生产企业向电网经营企业供应电能的结算价格。有些国家称之为发电厂售电价格或批发电价。我国发电企业上网电价的表现形式有一部制和二部制。一部制上网电价是指仅按上网电量计价的电价；二部制上网电价是指按照电厂的可发电容量及上网的发电量分别计付电费的电价模式。国家出台的《销售电价管理暂行办法》第六条规定，"销售电价由购电成本、输配电损耗、输配电价及政府性基金四部分组成"。销售电价包括电价水平和电价结构两部分。上网电价水平加上输配电价水平形成销售电价水平，销售电价结构构成销售电价主体。销售电价结构主要考虑电能成本在用户间的合理分摊。电网经营企业提供输送电能服务的结算价格，又称为输配电费用。我国现行输配电电价的方法有会计成本法和边际成本法。

二、反垄断规制

由于输配售电业务具有明显的垄断性，国家对配电业务垄断不进行严格限制，但是在售电领域进行反垄断规制，也正在逐步增加售电领域的市场化改革，让用户有更多的选择权。

三、普遍服务规制

电力普遍服务规制主要指电力供给者为所有用电户提供可承受的高质量基本服务的义务，或者以基本基准价格水平确保一个国家或地区内所有国民提供一定质量服务的义务。2002 年，国务院首次将负责监督社会普遍服务政策的实施明确纳入新设立的国家电力监管委员会的规制范畴，国家正式明确电力企业承担着普遍服务义务。一般来说，电力普遍服务主要包括三个方面内容：一是消费群体的普遍服务，即无论何时何地，都应当得到电力的服务；二是服务类别的普遍服务，即所有用户都应当被同等对待；三是价格上的普遍服务，即服务的价格应当为大多数用户所能够承受。为此，国家通过《电力法》等法律规定，供电企业对本营业区内的用户有按照国家规定供电的义务；不得违反国家规定对其营业区内申请用电的单位和个人拒绝供电；确定了对少数民族地区、边远地区和贫困地区的农村电力建设采取重点扶持，以及对农村用电价格按保本保利原则确定、城乡同网同价等政策。

四、进入规制

在中华人民共和国境内，从事电力业务应当取得电力业务许可证。除国家能源局规定的特殊情况外，任何单位或者个人未取得电力业务许可证，不得从事电力业务。这些电力业务包括发电、输电、供电业务，其中供电业务包括配电和售电业务。行政许可的依据是《电力监管条例》《电力业务许可证管理规定》。行政许可的实施机关是国家能源局各派出机构。申请供电类电力业务许可证的条件分为基本条件和特殊条件。基本条件就是具有法人资格、具有与申请从事的电力业务相适应的财务能力；生产运行负责人、技术负责、安全负责人和财务负责人具有三年以上与申请从事的电力业务相适应的工作经历，具有中级以上专业技术任职资格或者岗位培训合格证书；法律法规规定的其他条件；具有供电营业区双边达成的划分协议书或意见；具有与申请从事供电业务相适应的供电网络和营业网点；承诺履行电力社会普遍服务义务；供电项目符合环境保护有关规定和要求。

第五节　输配售电行业规制存在的问题

虽然我国在输配售电行业进行了价格规制、反垄断规制、普遍服务规制和进入规制，但是在规制工具选择和规制政策制定方面还有一些需要改进的地方。

一、激励规制措施较少

当前，政府对输配电企业采取投资回报率的保护性规制，在输电网投资的基础上给予输配电企业一个适当的回报率。这种规制方式对于增加电网投资能够起到一定的积极促进作用，但是也有很多弊病：一是政府规制机构必须充分掌握投资成本信息，还需要昂贵的调查成本和庞大的管理机构；二是规制机构在制定投资回报率时，需要与企业谈判，在这一过程中它们由于信息不对称处于不利地位；三是确定回报率不能给予企业充分的激励，使其降低成本、提高效率，而会带来阿巴契－约翰逊效应（A－J效应）、经济效率低和社会福利损失等问题。

二、电网建设与电源建设不协调

国家电网建设严重落后于电源建设。厂网分开后，经济的发展产生了对电力的大量需求，各种规模电厂相继建立，形成竞争局面。相较而言，电网建设速度虽然加快，但其改造建设相对不足，已经成为我国电力行业发展的瓶颈之一。我国电网建设环节薄弱、滞后，使电网负荷过重，多区域电网都以牺牲电网的安全性和设备的可靠性来维持运行。电网环节的薄弱严重限制了电网对电力资源的调配能力，区间交换能力明显不足，水火互济和跨流域补偿的作用有限，造成了大量的资源浪费。

三、价格规制市场化程度不高

现阶段，经过多次定价规制改革，我国电力行业已经形成多种定价形式，如一部制、两部制、三部制定价，分时定价和季节性定价等。尽管如此，在我国电力定价中仍然存在许多矛盾和缺陷，交叉补贴情况严重，市场价格违背了价值规律，破坏了市场交易的公平机制；销售电价偏低，导致电力资源浪费，不利于节能减排。

第六节　输配售电行业发展趋势

2015 年发布的"9 号文"确定了"放开两头、管住中间"的体制框架。这种体制改革框架对输配售电产业产生了重大影响，尤其是对配售电行业。根据电力行业改革趋势，一般是先将电厂与电网彻底分离，分别成为独立的发电企业和具有自然垄断地位的电网企业。然后，从电网企业中分离配售资产，最终实现发电、售电的自由竞争，而输电行业保持国家垄断性质。这种改革模式决定了输配售电企业会分别作为独立、特殊的市场参与者，向市场供需各方提供公平、公正和公开的输配售电服务。根据此次改革框架，笔者认为输配售电行业将有如下发展趋势。

一、发电和售电环节引入竞争，建立购售电竞争新格局

按照"管住中间、放开两头"的体制架构，在加强对电网输配电环节监管的同时，要在发电侧和售电侧引入竞争机制，建立购售电竞争的新格局。一方面，在配售电行业充分引入竞争，允许符合条件的发电企业、售电企业和用户可自主选择交易对象，确定交易量和价格，打破电网企业单一购售垄断的局面，形成"多买方－多卖方"的市场竞争格局；另一方面，加强对输电行业监管，保障输电行业公平开放，按照政府核定的输配电价格收取过网费，从而打破单边市场垄断的局面，加强输电行业在电力行业的资源配置能力。

二、建立市场化价格机制，引导资源优化配置

在新一轮电力市场化改革中，输配售电价的改革是核心内容。输电企业一直以来采用的是"准许成本加合理收益"的定价方法，改革后，输配售电价逐步按照准许成本加合理收益方式由政府核定，是相对固定的，发电价格波动直接传导到售电价格。同时，还将在部分地区探索配电网向非电网投资者开放，如某些工业园区。拥有选择权的工业、商业电力用户可与发电企业直接交易，从而降低用电成本，为电力用户带来改革红利。

三、用户拥有选择权，提升售电公司用户服务水平

电力市场化改革面临的最突出、最紧要的矛盾在于，电力市场中两个最重要的主体，即发电企业和电力用户被制度性"隔离"，不能直接面对面交易。对此，"9号文"提出将电价划分为上网电价、输电电价、配电电价和终端销售电价。上网电价由国家制定的容量电价和市场竞价产生的电量电价组成，输配电价由政府确定定价原则，销售电价以上述电价为基础构成，建立与上网电价联动的机制。有序推进售电侧改革，放开用户选择权，同时向社会资本开放售电业务，多途径培育售电主体，形成多家售电竞争格局。用户拥有购电的自主选择权，可以根据自己的个性化需求实现差异性选择意愿，促进各类电力企业降低成本、提高效率、提升服务。售电公司围绕用户提供多种服务，包括购售电业务，以及合同能源管理、综合节能和用电咨询等增值服务，用户用电更加便利，多元化用电需求也能得到满足，新的产品和服务将会出现。工业和商业电力用户拥有自主选择权，增强了市场中的议价能力，带动了供电服务质量的改善，用户权益可以得到更好的保障。同时，客户对服务的需求也会通过售电公司传递到电网企业，促进电网企业进一步提高供电质量，提升服务水平。

四、加大跨区交易推进市场化程度，促进节能减排和清洁能源发展

"9号文"中指出，推进电力交易体制改革，完善市场化交易机制，并在完善跨省跨区电力交易机制中提及要推进跨省跨区电力市场化交易，促进电力资源在更大范围优化配置，鼓励具备条件的区域在政府指导下建立规范的跨省跨区电力市场交易机制，促使电力富余地区更好地向缺电地区输送电力，充分发挥市场配置资源、调剂余缺的作用。改变当前国家电网的盈利模式，电网企业不再以上网电价和销售电价价差作为收入来源，而是按照政府核定的输配电价收取过网

费。随着电力市场交易机制日益完善，各类电源竞价上网，低成本发电资产获得竞争优势，环保高效的机组得到更大空间，促进大容量高效机组替代小机组发电，水电和风电等清洁能源优先发电，将极大推进节能减排工作的开展。跨省跨区电力交易开展也有助于清洁能源大规模开发和在更大范围内消纳。市场化电价能根据供需条件更加灵活地变化，及时向用户传递供求变化的信号，引导和鼓励用户优化用电方式，提高用电效率。同时，配售电业务放开带来的竞争压力也促使电网企业降本增效，提升经营能力水平和供电服务质量。

五、吸引社会资本投资，创新输配售电商业模式

在"9号文"中，第二十条、第二十一条、第二十三条分别提及分布式发电和用户侧分布式能源。分布式能源有望在这次电力体制改革推进过程中显著受益，明确了工业园区或开发区可以作为售电的主体且可以参与新增配网建设社会资本，因此配售一体化对于分布式能源运营商和园区开发商来讲具备极大的吸引力，能够大规模推进分布式能源的园区化建设，且由于规模足够大、收益稳定以及与房屋租金相结合，可以作为后续资产证券化很好的产品。允许各类社会资本进入售电领域和新增配电领域，会带来新的潜在盈利机会。随着售电侧放开，发电企业、供水供热企业、燃气企业、节能服务企业、新能源企业等市场主体进入售电侧开展业务。放开增量配电投资业务在一定程度上可以调动社会资本参与配电网建设的积极性，增加了配电网建设资金来源。随着市场发展和用户需求变化，售电公司数量会逐渐增加，会出现更多服务电力用户的新商业模式、新业务模式和新服务模式，也将提供更多的就业岗位。

第九章
中国发电行业未来发展与规制

发电行业是国家基础产业，也是关系到国计民生的产业。发电行业具有规模经济、外部性和弱自然垄断性等特征，因此国家对其进行规制，以保证其提供电力的稳定性、效率性、低成本性和保护消费者福利等。经过几次规制改革，中国发电行业已经取得显著成绩。截至 2018 年底，35 千伏及以上变电容量、线路长度达到 69.92 亿千伏安、189.2 万千米；全社会用电量达到 69002 亿千瓦时；人均用电量达到 4945 千瓦时，大大超过世界平均水平。目前，中国已成为电力装机世界第一大国、电力消费世界第一大国、可再生能源装机和发电量世界第一大国，从输配售电行业来看也是世界第一大国，发电行业为我国经济发展和人民生活水平持续改善做出了重要贡献。

第一节 研究结论

笔者首先对国内外规制效果研究现状进行了综述，阐述了规制效果评价的相关理论，并作了简单评述；其次，分析了中国发电行业的发展历程、现状和规制体制及其改革原因，其中发电行业现状主要介绍了发电量、装机容量、电源结构、电价等情况，规制体制主要介绍了发电行业的规制机构、规制对象、规制制度和特征及其改革动因；再次，从发电行业的行业层面、企业层面对发电行业规制效果进行了实证分析，主要是利用计量经济学分析方法检验规制改革在价格、利润、效率、总量、环境方面是否达到了改革初期所要达到的目标；又次，从市场集中度的角度考察发电行业的市场结构，并依此考察规制改革是否达到了打破垄断、促进竞争的效果；最后，本书分析了可再生能源发电行业以及输配售电行业规制与发展，通过观察发电行业现状发展变量初步判断规制改革效果结论，结合后面行业层面、企业层面以及竞争层面的定量分析结果，并综合对比分析这些效果，得出当前发电行业规制改革效果结论，并给出如下相应的政策建议：

1. 发电行业和规制体制分析相关结论

一是经过改革后，中国电力行业在发电阶段已经开始引入竞争，并逐步打破垄断，而输、配、售电阶段还处于国家垄断经营阶段，但是 2015 年后，配售电行业也在进行市场化改革，逐步打破垄断，走向市场。二是中国发电行业的发电量、装机容量近十年来上升较快，基本实现了供需均衡。中国电源结构还是以火力发电为主，占 70% 左右。火电与其他能源形式的电力相比一个突出的问题就是污染严重，因此应适当调节中国的电力能源结构，增加水电的比例，开发可再生能源。由于电源结构还需继续改善，对可再生能源发电应进行合理化投资和扶持。发电煤耗呈下降趋势，电价呈下降趋势。三是中国发电行业规制改革的动因主要是对发电行业自然垄断认识的变化、经济发展的需要、投资资金的需要、电力需求的增加、电力技术的发展等。四是中国发电行业规制机构正处于职能转移阶段，当前还有多家机构对电力行业进行规制，其中最主要的是国家能源局和国家发展改革委员会，存在规制权力分散、职责不清、现行规制机构的人员结构不合理、对规制机构缺乏有效的监督约束等问题。未来，国家能源局将是电力规制的主体。五是电力行业规制对象主要是发电企业、输电企业、供电企业。但是在规制时，一方面要注意对这些企业的监管，另一方面也要注意合理处理三者之间的关系。尤其是电网企业处于垄断地位，即扮演单一购买者的角色，这对发电行业的售电价格有较大影响，政府在上网电价规制中，要兼顾两者利益。六是中国发电行业规制制度主要有进入规制制度、价格规制制度、法律法规规制制度、环境规制制度。

2. 发电行业产业层面规制效果检验结论

笔者根据中国 1980 ~ 2017 年的发电行业数据，利用时间序列方法，将规制指标综合为进入规制、价格规制、独立规制机构、法律法规四个方面，从发电量、价格、利润、效率和环境五个方面对中国发电行业的规制效果进行了实证研究。研究结果表明，随着发电行业的规制制度的不断完善，中国发电行业规制显著促进了电力价格下降和效率的提高，而对于降低利润率和环境保护作用较小，在促进发电量增长方面的作用不显著。

3. 发电行业企业层面规制效果检验结论

笔者选取中国 1997～2018 年的 20 家发电行业上市公司作为样本，利用面板数据和随机前沿分析方法测算了规制改革、资产负债率、上市年龄、企业规模、煤炭价格指数对公司绩效中的利润和效率影响。研究结果表明，规制改革对中国发电行业上市公司利润影响为正，效率为负；资产负债率对利润和效率影响为负；上市年龄对利润为负，对效率为正；企业规模对利润和效率均为正；煤炭价格指数对利润为正，对效率为负；发电行业上市公司的技术效率处于上升趋势，平均为 0.4，资本和劳动产出弹性之和小于 1，处于规模报酬递减阶段，并且资本产出弹性大于劳动产出弹性。

4. 发电行业规制改革竞争效果检验结论

笔者以发电行业的装机容量和发电量的市场集中度作为衡量标准，测算和判定了发电市场的全国和区域的市场结构，结果显示，2002 年重组后的中国发电市场呈现中下集中的寡占型市场结构。这种市场结构为当前中国发电行业的有效竞争创造了条件并能获得一定的规模效益。发电市场在区域市场中呈现竞争型的市场结构，不过在某些区域，五大发电集团仍具有较高的市场支配地位，且市场集中度呈增强趋势。未来，各种资本会进入发电行业，中国发电行业的市场结构也将呈现一个更加错综复杂的局面。

5. 可再生能源发电行业规制效果结论

通过使用上网价格补贴、税收减免、建立可再生能源发展基金、配额上网和研发补贴等激励规制政策，我国可再生能源发电行业发展迅速。2018 年，全国可再生能源发电装机容量 7.29 亿千瓦，占全部电力装机的 38.4%，可再生能源发电量 18670.34 亿千瓦时，占全部发电量的 26.7%，为实现 2020 年我国非化石能源占一次能源消费总量比重 15% 的目标提供了有力支撑。在激励可再生能源发电行业发展的同时，也带来了一系列问题，如产能过剩、电网建设不配套、发电成本高、可再生能源发展基金缺口大等。未来，可再生能源发电行业也会走入市场化改革轨道，各种补贴和优惠措施将逐渐取消。

6. 输配电行业规制效果结论

输配售电行业具有资金、技术、规模经济性和网络经济属性的自然垄断行业，与发电行业密切相关，且与经济社会生活紧密联系，对国计民生影响巨大。但是，在运行上，输配售行业具有特殊性，导致其市场体系和交易机制与一般商品市场存在较大差异。我国对输配售电行业进行了价格规制、进入规制、普遍服务规制，且使其长期以来保持垄断地位，未来输电行业将继续保持垄断，但是配售电行业将进一步进行市场化改革。

7. 综合效果对比分析

综合本书在发电行业现状和规制体制、行业、企业和竞争层面对发电行业规制效果的定量检验结果，可以得到以下几个结论：一是发电行业规制从严格逐渐到放松，确实促进了发电量迅速增加，这与国家投资增加有关，也与激励了各种资本进入发电行业投资有关。这表明只有国家放松进入规制，才能增加自然垄断产品的供给量。二是政府规制对于发电行业电价影响较大。发电行业的上网电价是政府指导价或者是作为买方的垄断电网公司规定，致使发电企业的电价不能及时反映发电成本，尤其是当煤价上升时，发电成本上升的速度往往超过电价上升速度，导致发电企业集体亏损，还有就是电网企业压低上网电价也会导致发电企业亏损。中国电价一直处于上升趋势，这与通货膨胀因素有关，也表明了中国对发电行业的电价规制效果欠佳。三是规制改革对发电行业利润的影响。从产业和企业层面来看，改革都没有达到降低利润率的效果，发电行业规制改革对利润规制效果有待优化。但当前的发电企业利润率降低还有很多其他的原因，主要与公司内部管理成本、工资成本、资产负债率较高、煤价波动幅度较大有关。四是规制改革促进了中国发电行业技术效率的提升，而且近年来提升速度较快。五是经过规制改革后，发电行业已经逐步打破垄断，促进了其竞争，现在我国发电行业是一种中下寡占型市场结构，在区域市场结构中呈现一种竞争型市场结构。但是，近年来市场集中度和五大发电集团的垄断地位有加强的趋势。发电行业规制改革要关注这种趋势，切勿出现具有市场垄断地位的企业和滥用市场支配地位的企业行为。六是发电行业环境规制效果不好，这是因为我国前期并没有注意到发电行业的环境污染问题，而是在 2006 年以后才逐渐关注。未来，随着大众对环境保护的重视，发电行业环境规制将会加强。同时，核定行业的核辐射对人类身体健康的影响也是一个不容忽视的社会关注点，这说明发电行业的其他社会规制也应加强。七是对于可再生能源发电行业规制总体效果较好，但也存在一些问题。八是对于输配售电行业的规制一直处于改革中，尤其在 2015 年后，配售电行业市场化改革效果逐渐显现。总体来说，发电行业规制效果较好，在进入规制、价格规制、环境规制制度方面仍需要继续完善，逐渐把规制制度转变为具有激励性和竞争性的规制制度，只有这样政府规制才能起到良好的效果。

第二节　主要创新点

笔者借鉴国内外先进的规制效果评价理论和方法，从理论和实证方面、行业和企业两个层面检验了发电行业在发电量、价格、利润、效率、环境和竞争方面的规制效果，对发电行业规制效果进行了科学的评价和探讨，这对于中国发电行业规制政策的继续推进具有一定的理论意义和现实意义，同时为中国其他自然垄断行业的规制效果评价提供了一定借鉴。本书主要在以下三个方面有所创新：

第一，本书通过分析发电行业及其规制体制现状发现，中国发电行业的发电量、装机容量近十年来上升较快，基本实现了供需均衡。中国电源结构还是以火力发电为主，占70%左右。发电煤耗呈下降趋势，电价呈上涨趋势。发电行业规制体制改革动因主要是自然垄断含义认识的变化、电力技术的进步、电力需求的增加、筹集建设资金、消除垄断、引入竞争等。中国发电行业规制机构正处于职能转移阶段；规制制度主要有进入规制制度、价格规制制度、法律法规规制制度、环境规制制度。

第二，本书对发电行业规制效果评价指标体系构建更加全面，不仅包括传统的发电量、价格、利润、效率四个经济性规制指标，而且囊括了环境规制指标，这使对发电行业规制效果评价更加全面，更加科学合理。其中，效率测算不再采取传统静态或者简单的道格拉斯生产函数方法，而是采用了当前较先进的数据包络分析方法和随机前沿分析方法。测算结果表明：在行业层面，发电行业规制在发电量、效率方面规制效果良好；在价格、利润和环境方面效果还不明显，在企业层面，"厂网分开"规制改革对发电行业上市公司利润影响为正，对效率影响为负。

第三，本书测算了中华人民共和国成立以来中国发电行业的市场集中度，并判断了各个阶段发电行业的市场结构。分析结果表明：中国发电行业的规制改革竞争效果良好，全国发电市场由原来独家垄断型市场结构逐渐转变为中下寡占型市场结构。区域性发电市场呈竞争型市场结构，但是市场集中度呈现上升趋势。

第三节　研究不足

由于经济现象本身的复杂性，笔者在规制经济学理论、计量经济学方法上存在一定的欠缺。另外，中国发电行业发展和规制改革的复杂性，使对发电行业规制效果的判断研究具有一定的复杂性。

因此，本书对发电行业规制效果的研究还有一些不足之处和需要进一步探讨、完善的地方：

第一，本书研究的发电行业侧重于火力发电行业，对其他电源发电行业分析较少，如水力发电、核电以及可再生能源发电等。不过中国发电行业的规制改革也主要是对火力发电行业进行改革，对其他电源发电行业规制较少，基本上是以扶持为主。随着中国对环境保护的重视以及未来煤炭资源的减少，可再生能源发电将是未来的重点，这也是笔者未来继续研究的方向之一。

第二，本书在量化规制制度指标时，采取了简单化量化，划分阶段时主观性较强，未来笔者将考虑如何采取更加科学和客观的方法对制度进行量化。

第三，本书虽然研究了发电行业的环境规制效果，但是篇幅较少，而且由于获取数据较少，采取时间序列方法有一定的局限之处，未来将考虑采取面板数据进行测算。同时，随着国家对环境、卫生、健康的越发重视，发电行业的社会性规制将成为未来研究的重点。此外，电力的普遍服务效果还未检验，这也是未来一大研究重点。

第四，在检验发电行业规制效果时，本书分析了计量结果，但对其深层次的理论解释还较少，以后考虑继续学习规制经济学理论，对规制结果进行理论化解释。同时，对于规制效果的实证研究仅从发电量、利润、效率、价格、环境五个方面单独反映了规制效果，未来考虑用联立方程综合五个方面测算规制效果。发电企业和电网企业之间的企业行为问题对发电行业规制效果也有很大影响，本书暂未考虑此方面问题，这也是未来的研究方向之一。

第四节　发电行业规制的未来展望

未来，发电行业将朝着市场化改革方向继续前行，法律规制、环境规制、社会规制将更加严格，进入规制和价格规制将进一步放松。我国发电行业发展也将继续向绿色能源、清洁能源方面倾斜，可再生能源发电行业的发展是助推电力行业良性发展的重要推动力，输电行业继续保持自然垄断，但是配电行业和售电行业将进一步推动市场化改革，且商业模式将更加多样化。

（1）价格规制形式将更加多样化。将继续放开发电行业和售电行业的价格规制，逐步形成发电企业与用户、售电企业与用户谈判价格，逐步利用市场价格调控电力资源配置。对于输配电企业价格将继续实施政府管控，但是将压低输电企业的过网费，减少对两端收费。

（2）进入规制措施将更加规范。当前发电行业产能已处于过剩状态，对于发电许可证的发放将更加严格，需要的资质要求将更多，尤其是对于规模、标准、技术和绿色要求标准将更高。但是，由于输配售电行业的改革，有些发电企业将成为经营发电、配电和售电的综合型企业，甚至有些发电企业将会有自己的输电网络。

（3）法律规制框架将更加完善。未来的规制机构将从多方规制成为一家规制。

（4）环境规制对发电行业影响和挑战较大。环境规制不仅带来了环境效应，而且通过约束发电、输电和用电侧行为对电力部门的不同参与方产生了更深层次的影响。环境规制对发电行业提出了明确的减排要求，推动了电源结构的优化和煤电生产的清洁化。未来，将减少煤电比例，采用天然气等低碳燃料或可再生能源、核能等近零排放能源替代煤炭发电。与此同时，供需间的相互作用和不同主体间的互动关系使需求侧和电网同样受到影响，从而促进了电力产业链的整体绿化和升级。除了传统的强制性的政策工具，政府还应逐渐运用市场化的手段对电力部门的各主体进行节能减排激励。

参考文献

［1］Alessi, L. D. An economic analysis of government ownership and regulation：Theory and evidence from the electric power industry ［J］. Public Choice, 1974, 19（2）：1 –42.

［2］Alessi, L. D. The economics of property rights：A review of the evidence ［J］. Research in Law and Economics, 1980（2）：1 –47.

［3］Andersen, P. , Petersen, N. C. A procedure for ranking efficient units in data envelopment analysis ［J］. Management Science, 1993, 39（10）：1261 –1264.

［4］Armstrong, M. , Cowan, S. & Vickers, J. Regulatory reform：Economic analysis and British experience ［M］. Cambridge, Mass：MIT Press, 1994：543 –576.

［5］Averch, H. , Johnson, L. Behavior of the firm under regulatory constraint ［J］. American Economic Review, 1962（52）：1052 –1069.

［6］Bacon, R. W. , Besant, J. J. Global power reform, privatization and liberalization of the electric power industry in developing countries ［J］. Annual Review of Energy and the Environment, 2001, 26（1）：331 –359.

［7］Bakovic, T. , Tenenbaum, B. W. & Woolf, F. Regulation by contract：A new way to privatise electricity distribution ［M］. TheWorld Bank, Washington, D. C. 2003：213 –235.

［8］Banker, R. D. , Charnes, A. & Cooper, W. W. Some models for estimation technical and scale inefficiencies in date envelopment analysis ［J］. Management Science, 1984, 30（9）：1078 –1092.

［9］Barmack, M. , Kahn, E. & Tierney, S. A cost-benefit assessment of wholesale electricity restructuring and competition in New England ［J］. Journal of Regulatory Economics, 2007, 31（2）：151 –184.

［10］Barros, C. P. Efficiency analysis of hydroelectric generating plants：A case study for Portugal ［J］. Energy Economics, 2008, 30（1）：59 –75.

［11］Battese, G. E. , Coelli, T. J. A model for technical in efficiency effects in a stochastic frontier production function for panel data ［J］. Empirical Economics, 1995, 20 (2): 325 – 332.

［12］Becker, G. S. A Theory of Competition among Pressure Groups for Political Influence ［J］. Quarterly Journal of Economics, 1983, 98 (3): 371 – 400.

［13］Becker, G. S. Public policies, pressure groups and dead weight costs ［J］. Journal of Public Economics, 1985, 28 (3): 329 – 347.

［14］Bergara, M. E. , Henisz, W. T. & Spiller, P. T. Political institutions and electric utility investment: A cross-nation analysis ［J］. California Management Review, 1998, 40 (2): 18 – 35.

［15］Boom, A. , Buehler, S. Restructuring electricity markets when demand is uncertain: Effects on capacity investments, prices and welfare ［Z］. Centre for Industrial Economics Discussion Papers, 2005.

［16］Charnes, A. , Cooper, W. W. & Rhodes, E. Measuring the efficiency of decision making units ［J］. European Joural of Operational Research, 1978, 2 (6): 429 – 444.

［17］Coase, R. H. The problem of social cost ［J］. Journal of Law and Economics, 1960, 10 (3): 31 – 44.

［18］Coelli, T. J. Total factor productivity growth in Australian coalfired electricity generation: A malmquist index approach, International Conference on Public Sector Efficiency ［M］. UNSW, Sydney, 1997: 654 – 672.

［19］Cote, D. O. Firm efficiency and ownership structure—The case of U. S. electric utilities using panel pata ［J］. Journal of Public and Cooperative Economics, 1989, 60 (4): 431 – 450.

［20］Crew, M. A. , Rowley, C. K. Toward a public choice theory of monopoly regulation ［J］. Public Choice, 1988, 57 (1): 49 – 67 .

［21］Cubbin, J. , Stern, J. Regulatory effectiveness: The impact of good regulatory governance on electricity industry capacity and efficiency in developing countries ［J］. World Bank Economic Review, 2004 (20): 115 – 141.

［22］Delfino, J. A. , Casarin, A. A. The reform of the utilities sector in Argentina ［Z］. Discussion Paper. World Institute for Development Economics Research, 2001.

［23］Demsets, H. , Lehn, K. The structure of corporate ownership: Cause and consequences [J]. Joural of Political Econonmy, 1985 (93): 1155 – 1177.

[24] Domah, P., Pollitt, M. & Stern, J. Modelling the costs of electricity regulation: Evidence of human resource constraints in developing countries [Z]. London Business School Regulation Initiative Working Paper, 2002, No. 49 andCMI Working Paper No. 11.

[25] Estache, A. Argentina's utilities privatization: A cure or a disease [R]. World Bank Institute, Mimeo Paper for WIP Conference in Berlin, 2002.

[26] Estache, A., Tovar, B. & Trujillo, L. How efficient are African electricity companies? Evidence from the southern African countries [J]. Energy Policy, 2008, 36 (6): 1969 – 1979.

[27] Farrell, M. J. The measurement of production efficiency [J]. Journal of Royal Statistical Society, 1957, 120 (3): 253 – 290.

[28] Feldstein, M. S. Distributional equity and the optimal structure of public price [J]. The American Economic Review, 1972, 62 (4): 27 – 39.

[29] Fink, C., Mattoo, A. & Rathindran, R. An assessment of telecommunications reform in developing countries [J]. Information Economics & Policy, 2003, 15 (4): 443 – 446.

[30] Färe, R., Grosskopf, S. & Logan, J. The relative performance of publicly-owned and privately-owned electric utilities [J]. Journal of Public Economics, 1985, 26 (1): 89 – 106.

[31] Färe, R., Grosskopf, S., Yaisawang, S., et al. Productivity growth in illinois electric utilities [J]. Resources and Energy, 1990, 12 (4): 383 – 398.

[32] Gilbert, R. J., Khan, E. P. International comparisons of electricity regulation [M]. Cambridge: Cambridge University Press, 1996.

[33] Gomez-Ibanez, J. Regulating infrastructure: Monopoly, contracts and discretion [M]. Cambridge: Harvard University Press, 2003: 367 – 397.

[34] Gupta, J. P., Sravat, A. K. Development and project financing of private power projects in developing countries: A case study of India [J]. International Journal of Project Management, 1998, 16 (2): 99 – 105.

[35] Gutierrez, L. H., Berg, S. Telecommunications liberalization and regulatory governance: Lessons from Latin America [J]. Telecommunications Policy, 2000, (24): 865 – 884.

［36］Gutierrez, L. H. The effect of endogenous regulation on telecommunications expansion and efficiency in Latin America ［J］. Journal of Regulatory Economics, 2003, 1 (23): 257 - 286.

［37］Hamilton, J. Institutions, competition and the performance of telecommunications infrastructure in Africa ［R］. Working Paper, Florida: Department of Economics, University of Florida, 2001.

［38］Hawdon, D. Performance of power sectors in developing countries: A study of efficiency and world bank policy using data envelopment analysis ［J］. Surrey Energy Economics Centre, University of Surrey, 1996.

［39］Hayek, F. A. The use of knowledge in society ［J］. American Economic Review, 1945 (35): 519 - 530.

［40］Henisz, W., Zelner, B. A. The institutional environment for telecommunications investment ［J］. Journal of Economics and Management Strategy, 2001, 10 (1): 123 - 147.

［41］Holburn, G. F. Political risk, political capabilities and international investment strategy: Evidence from the power generation industry ［C］. Mimeo, Paper Presented at the 5th Annual EUNIP Conference, Vienna, 2001.

［42］Jamash, T., Mota, R., Newbery, D. & Pollitt, M. Electricity sector reform in developing countries: A survey of empirical evidence on determinants and performance ［J］. Cambridge Working Papers in Economics 0439, Faculty of Economics, University of Cambridge, 2004.

［43］Jensen, M. C., Meckling, W. H. Theory of the firm: Managerial behavior, agency costs and ownership structure ［J］. Journal of Financial Economics, 1976, 3 (4): 305 - 360.

［44］Joskow, P. L., Rose, N. L. The effect of economic regulation ［M］. Handbook of Industrial Organization, New York: Elsevier Science Publishers, Inc, 1989.

［45］Joskow, P. L., Schmalensee, R. Markets for power: An analysis of electric utility deregulation ［M］. Cambridge: MIT Press, 1983.

［46］Kahn, A. E. The economics of regulation: Principles and institutions ［M］. Cambridge: MIT Press, 1988.

［47］Kalt, J. and Zupan, M. Capture and Ideology in the Economic Theory of Politics ［J］. The American Economic Review, 1984, 74 (3): 279 - 300.

[48] Kennedy, D. Power sector regulatory reform in transition economies: Progress and lessons learned [Z]. European Bank for Reconstruction and Development Working Paper No. 78, 2003.

[49] Kennedy, P. A guide to econometrics [M]. Cambridge: MIT Press, 1992.

[50] Kirkpatrick, C., Parker, D. & Zhang, Y. F. Foreign investment in infrastructure in developing countries: Does regulation make a difference? [J]. Transnational Corporations, 2006, 15 (1): 143-172.

[51] Kleit, A. N., Tecrell, D. Measuring potential efficiency gains from deregulation of electricity generation: A bayesian approach [J]. The Review of Economics and Statistics, 2001, 83 (3): 523-530.

[52] Kwoka J. E. Power structure: Ownership, integration, and competition in the U. S. electricity industry [M]. Boston: Kluwer Academic Publishers, 1996: 30-35.

[53] Laffont, J. J., Tirole, J. The theory of procurement and regulation [M]. Cambridge: MIT Press, 1993.

[54] Leibenstein, H. Allocative efficiency versus X-efficiency [J]. American Economic Review, 1966 (56): 392-415.

[55] Levine, P., Stern, J. & Trillas, F. Independent utility regulators: Lessons from monetary policy [Z]. London Business School Regulation Initiative Working Papers, 2002.

[56] Levy, B., Spiller, P. T. Regulations, institutions, and commitment: Comparative studies of telecommunications [M]. Cambridge: Cambridge University Press, 1996.

[57] Levy, B., Spiller, P. T. The institutional foundations of regulatory commitment: A comparative analysis of telecommunications regulation [J]. Journal of Law, Economics, & Organization, 1994, 10 (2): 201-246.

[58] Littlechild, S. C. Regulation of British Telecommunications Profitability [M]. London: HMSO, 1982.

[59] Lm, K. S., Pesaran, M. H. & Shin, Y. Testing for unit roots in dynamic heterogeneous panels [J]. Journal of Econometrics, 2003, 115 (1): 53-74.

[60] Lovei, L. The single-buyer model: A dangerous path toward competitive electricity markets [J]. Electricity Journal, 1996, 19 (2): 21-27.

[61] Lynde, C., Richmond, J. Productivity and eficiency in the U K: A time series application of DEA [J]. Economic Modelling, 1999, 16 (1): 105-122.

［62］ Mcconell, J. J. , Servaes, H. Additional evidence on equity ownership and corporate value ［J］. Journal of Financial Economics, 1990, 27 (2): 595 – 612.

［63］ Megginson, W. L. , Netter, J. M. From state to market: A survey of empirical studies on privatization ［J］. Journal of Economic Literature, 2001, 39: 321 – 389.

［64］ Mitnick, B. The political economy of regulation ［M］. New York: Columbia University Press, 1980: 23 – 56.

［65］ Newbery, D. M. Privatization, restructuring and regulation of network industries ［M］. Cambridge: MIT Press, 1999.

［66］ North, D. C. Institutions, institutional change and economic performance ［M］. Cambridge: Cambridge University Press, 1990.

［67］ Pargal, S. Regulation & private sector investment in infrastructure: Evidence from Latin America ［Z］. World Bank Policy Research Working Paper, 2003.

［68］ Parker, D. Economic regulation: A review of issues ［J］. Annals of Public and Cooperative Economics, 2002, 73 (4): 493 – 519.

［69］ Parker, D. , Kirkpatrick, C. Privatization in developing countries: A review of evidence and policy lessons ［J］. Journal of Development Studies, 2005, 41 (4): 513 – 541.

［70］ Peltzman, S. The Economic Theory of Regulation after a Decade of Deregulation ［Z］. Brookings Papers on Economic Activity, 1989, Special Issue: 1 – 41.

［71］ Peltzman, S. Toward a more general theory of regulation ［J］. Journal of Law and Economics, 1976, 19 (2): 245 – 248.

［72］ Pollitt, M. G. Ownership and performance in electric utilities ［M］. Oxford: Oxford University Press, 1995.

［73］ Pollitt, M. G. The impact of liberalization on the performance of the electricity supply industry: An international survey ［J］. The Journal of Energy Literature, 1997, 3 (2): 3 – 31.

［74］ Posner, R. A. Theories of economic regulation ［J］. Bell Journal of Economics, 1974 (5): 335 – 358.

［75］ Prayas. Performance of private electricity distribution utilities in India: Need for in-depth Review & Benchmarking ［R］. Prayas Occasional Report, Prayas Energy Group, 2003.

［76］ Ruekert, R. W. , Walker, O. C. & Roering, K. J. The organization of marketing activities: A contingency theory of structure and performance [J]. Journal of Marketing, 1985, 49 (1): 13 – 25.

[77] Sarica, K., Or, I. Efficiency assessment of Turkish power plants using data envelopment analysis [J]. Energy, 2007, 32 (8): 1484 – 1499.

[78] Schmalensee, R. The control of natural monopolies [M]. Lexington Books, 1979.

[79] Scott J. Wallsten. An econometric analysis of telecom competition, privatization and regulation in Africa and America [J]. The Journal of Industrial Economics, 2001, 49 (1): 1 – 19.

[80] Spiller, P. T. The differential impact of airline regulation on individual firms and markets: An empirical analysis [J]. Journal of Law and Economics, 1983, 26 (3): 655 – 689.

[81] Steriner, F. Regulation. industry structure and performance in the electricity supply industry [R]. OECD Economic Studies, 2001 (32): 143 – 182.

[82] Stern, J., Cubbin, J. Regulatory effectiveness: The impact of regulation and regulatory governance arrangements on electricity industry outcome [Z]. World Bank Policy Research Working Paper, 2005 (3): 35 – 36.

[83] Stern, J. Electricity and telecommunication regulatory institutions in small and developing countries [J]. Utilities Policy, 2000, 9 (3): 131 – 157.

[84] Stern, J., Holder, S. Regulatory governance: Criteria for assessing the performance of regulatory systems: An application to infrastructure industries in the developing countries of Asia [J]. Utilities Policy, 1999, 8 (1): 33 – 50.

[85] Stern, J. Regulation & contracts for utility services: Substitutes or complements? Lessons from UK historical experience [J]. Journal of Policy Reform, 2003, 6 (4): 173 – 215.

[86] Stern, J. Regulation & contracts for utility services: Substitutes or complements? [Z]. London Business School, Mimeo, 2002.

[87] Stern, J. Transparency and accountability in regulatory agencies and central banks [Z]. London Business School, Mimeo, 2002.

[88] Stern, J. & Trillas, F. Independence and discretion in telecommunications regulation: Lessons from independent central banks [J]. Utilities Policy, Forthcoming, 2003, 11 (4): 191 – 202.

[89] Stern, J., Trillas, F., Regulation of telecoms: What works and why? Lessons from independent central banks [J]. Business Strategy Review, 2001, 12, (4): 17 – 28.

[90] Stern, J. What makes an independent regulator independent? [J]. Business Strategy Review, 1997, 8 (2): 67 – 84.

[91] Stigler, G. J. and Friedland, C. What can regulation regulate? The case of electricity [J], Journal of Law and Economic, 1962, 5 (10): 1 – 16.

[92] Stigler, G. J., Friedland, C. What can the regulators regulate: The case of electricity [J]. Journal of Law and Economics, 1962 (5): 1 – 16.

[93] Stigler, G. J. The Theory of Economic Regulation [J]. Bell Journal of Economics & Management Science, 1971, 2 (1): 3 – 31.

[94] Vaninsky, A. Efficiency of electric power generation in the United States: Analysis and forecast based on data envelopment analysis [J]. Energy Economics, 2006, 28 (3): 326 – 338.

[95] Viscusi, W. K., Harrington, J. E., Vernon, J. M. Economics of regulation and Antitust [M]. Cambridge: The MIT Press, 2005: 357.

[96] Waterson, M. Regulation of the firm and natural monopoly [M]. Oxford: Basll Blackwell, 1988.

[97] Wing, C. C. K., Fung, M. K. Firm size and performance of manufacturing enterprises in P. R. China: The case of Shanghai's manufacturing industries [J]. Small Business Economics, 1997, 9 (3): 287 – 298.

[98] World Bank bureaucrats in business: The economics and politics of government ownership [M]. Oxford and Washington, DC: Oxford University Press and World Bank, 1995.

[99] World bank-power for development: A review of the World Bank group's experience with private participation in the electricity sector [R]. World Bank, International Finance Corporation, Multilateral Investment Guarantee Agency: Washington DC, 2003.

[100] Yunos, J. M., Hawdon, D. The efficiency of the national electricity board in Malaysia: An intercountry comparison using DEA [J]. Energy Economics, 1997, 19 (2): 69 – 255.

[101] Zhang, Y. E., Kirkpatrick, C. & Parker, D. Electricity sector reform in

developing countries: An econometric assessment of the effects of privatization, competition and regulation [Z]. Centre for Regulation and Competition, Manchester CRC Working Paper, 2002 (31).

[102] Zhang, Y. F., Kirkpatrick, C. & Parker, D. An econometric assessing the effects of privatization, competition and regulation on economic performance: The case of electricity sector reform [Z]. National University of Singapore, SCAPE Working Paper, 2005 (11).

[103] Zhang, Y., Parker, D. & Kirkpatrick, C. Competition, regulation and privatisation of electricity generation in developing countries: Does the sequencing of the reforms matter? [J]. Quarterly Review of Economics and Finance, 2005, 54 (2 – 3): 358 – 379.

[104] Zou Lele, Xue Jinjun, et al. The emissions reduction effect and economic impact of an energy tax vs. a carbon tax in China: Adynamic CGE model analysis [J]. The Singapore Economic Review, 2018, 63 (1).

[105] 白让让, 王小芳. 规制权力配置下游垄断与中国电力产业的接入歧视 [J]. 经济学 (季刊), 2009, 8 (2): 611 – 633.

[106] 白让让, 王小芳. 中国煤炭和电力产业互动机理及效应分析 [J]. 经济学家, 2009 (9): 75 – 82.

[107] 白让让. 制度偏好差异与电力产业规制放松的困境 [J]. 中国工业经济, 2006 (3): 29 – 37.

[108] 白雪洁, 宋营. 中国各省火电行业的技术效率及其提升方向——基于三阶段 DEA 模型的分析 [J]. 财经研究, 2008 (10): 15 – 25.

[109] 保罗·萨缪尔森, 威廉·诺德豪斯. 经济学 (12 版) [M]. 高鸿业译. 北京: 中国发展出版社, 1992: 864 – 865.

[110] 蔡明媛. 我国电力行业输配电环节激励规制研究 [D]. 山东大学硕士学位论文, 2009.

[111] 曹锦周, 戴昌钧. 中国民航业规制改革及其绩效的实证研究 [J]. 经济管理, 2009 (5): 48 – 55.

[112] 柴发合, 薛志钢, 支国瑞等. 农村居民散煤燃烧污染综合治理对策 [J]. 环境保护, 2016, 44 (6): 15 – 19.

[113] 陈富良, 徐涛. 电力行业规制政策的变迁及启示 [J]. 财经问题研究, 2009, (2): 50 – 54.

[114] 陈倩. 中国电力行业市场结构变化及其效率的实证研究 [D]. 南京理工大学硕士学位论文，2010.

[115] 陈青，杨骏伟，黄远明，卢恩，王一. 国外电力市场中市场力监测与缓解机制综述 [J]. 南方电网技术，2018，12 (12)：9 – 15，63.

[116] 陈素琼. 市场化进程中发电行业绩效研究 [D]. 辽宁大学博士学位论文，2009.

[117] 陈献勇. 中国民航业规制改革 [D]. 辽宁大学博士学位论文，2007.

[118] 陈真，高秉强，张苗，韩雨彤. 新电改形势下的能源互联网发展模式研究 [J]. 电气时代，2017 (12)：25 – 26.

[119] 慈向阳. 中国电力市场结构变迁的逻辑 [J]. 生产力研究，2011 (6)：22 – 23.

[120] 丹尼尔·F. 史普博. 管制与市场 [M]. 余晖等译. 上海：上海三联出版社，上海人民出版社，1999：147 – 165.

[121] 丹尼斯·W. 卡尔顿，杰弗里·M. 佩洛夫. 现代产业组织 [M]. 北京：中国人民大学出版社，2009：367 – 398.

[122] 丁华秀. 我国发电行业能源及市场结构研究 [D]. 福建师范大学硕士学位论文，2010.

[123] 丁芸. 国际促进再生能源产业发展的财税政策启示 [J]. 会计之友，2014 (11)：2 – 7.

[124] 杜立民，史晋川. 电力市场中市场力的监测：一个综述 [J]. 浙江大学学报 (人文社会科学版)，2007 (7)：153 – 161.

[125] 范合君. 中国垄断产业放松规制与机制设计博弈研究 [M]. 首都经济贸易大学出版社，2010：76 – 96.

[126] 方小敏. 行走在竞争和规制之间的德国能源经济改革 [J]. 南京大学学报 (哲学·人文科学·社会科学)，2014，51 (4)：35 – 45，158.

[127] 费农·L. 史密斯，李建军. 电力行业中的规制改革 [J]. 经济社会体制比较，2003 (5)：53 – 65.

[128] 付强，于良春. 论中国电力产业输配管理体制改革路径选择 [J]. 东南学术，2014 (2)：57 – 65，246 – 247.

[129] 高建刚，杨娜. 促进中国再生能源产业发展的整合性政策工具——以风能产业为例 [J]. 数学的实践与认识，2019，49 (13)：30 – 42.

[130] 高铁梅. 计量经济学分析方法与建模 [M]. 北京：清华大学出版社，

2009：387－396.

［131］高泽，杨建华，冯语晴，王艳松，金锋．新能源发电现状概述与分析［J］．中外能源，2014，19（10）：31－36.

［132］古扎拉蒂．计量经济学（第三版）［M］．林少宫译．北京：中国人民大学出版社，2000：78－96.

［133］管乃生．从放松规制到规制重构：国有垄断行业改革的新思考［J］．经济体制改革，2016（1）：112－117.

［134］何枫，陈荣．管理层激励对公司效率影响的随机前沿分析［J］．系统工程理论与实践，2008（9）：1－9.

［135］何枫，陈荣．基于测度的企业效率对企业绩效与企业价值的影响效果研究［J］．金融研究，2008（9）：152－163.

［136］何颖，官建成．我国上市公司的技术效率［J］．研究与发展管理，2010（3）：51－57.

［137］胡凤雅．中国电力产业输配电环节规制研究［D］．云南财经大学硕士学位论文，2011.

［138］胡震云，陆桂华，雷贵荣．水电上市公司经营效率评价［J］．中国农村水利水电，2005（7）：98－103.

［139］黄继忠，陈素琼．电力行业上市公司治理结构与公司绩效关系的实证研究［J］．财经问题研究，2008（11）：39－46.

［140］黄继忠，曲文轶．自然垄断与规制理论和经验［M］．北京：经济科学出版社，2004：78－99.

［141］黄珺仪．可再生能源电价管制政策的文献综述［J］．区域金融研究，2014（7）：74－77.

［142］黄清．电力行业放松规制改革政策效果的实证研究［J］．山西财经大学学报，2009（1）：49－56.

［143］黄宇航，李长楚．低碳经济下中国电力能源可持续发展研究［J］．市场周刊（理论研究），2017（6）：45－46，104.

［144］姜红星．中国电力产业规制改革研究［D］．中国社会科学院研究生院博士学位论文，2017.

［145］姜涛．规制变革下的企业董事会动态特征［J］．中国工业经济，2010（12）：117－125.

［146］姜雯昱．电力行业区域环境效率时空差异及其影响因素研究［J］.

统计与决策，2018，34（21）：135－138.

[147] 蒋学林. 我国电力发展与改革形势分析（2018）［J］. 电器工业，2018（5）：15－29.

[148] 康娇丽. 绿色证书交易下发电厂商的市场势力及其影响研究［D］. 华北电力大学硕士学位论文，2014.

[149] 科埃利等. 效率与生产率分析引论［M］. 王忠玉译. 北京：中国人民大学出版社，2008：103－124.

[150] 拉丰. 规制与发展［M］. 北京：中国人民大学出版社，2009：128－136.

[151] 拉丰，马赫蒂摩. 激励理论（第一卷）：委代理模型［M］. 陈志俊等译. 北京：中国人民大学出版社，2002：96－104.

[152] 拉丰，梯若尔. 电信竞争［M］. 胡汉辉等译. 北京：人民邮电出版社，2001：247－278.

[153] 拉丰，梯若尔. 政府采购与规制中的激励理论［M］. 石磊、王永钦译. 上海：上海三联书店、上海人民出版社，2004：76－98.

[154] 李斌，尹晓峰. 中国上市公司绩效与宏观经济同步效应的实证分析［J］. 财经问题研究，2008（10）：76－82.

[155] 李建峰. 中国电力行业的市场化及其规制研究［D］. 山东大学硕士学位论文，2005.

[156] 李洁璇，王诗烨. 当前中国电价规制中存在的问题及国外经验借鉴［J］. 价格月刊，2018（8）：17－22.

[157] 李世新，于左. 垄断产业放松进入规制后的博弈与效率分析［J］. 山西财经大学学报，2010，32（6）：59－64.

[158] 李世新. 中国发电市场的内生性进入壁垒研究［D］. 东北财经大学博士学位论文，2010.

[159] 李双杰. 效率与生产率度量方法及应用［M］. 北京：经济科学出版社，2010：79－86.

[160] 李眺. 生产要素投入、电价规制改革与火电企业的效率［J］. 财经研究，2009（4）：107－118.

[161] 李文斐. 我国电力产业市场结构分析［J］. 当代经济，2011（8）：83－85.

[162] 李永来. 市场化改革与电力行业效率：基于DEA的电力行业上市公司分析［J］. 当代经济科学，2009（1）：59－64.

［163］李治，杨艳，马玲玲. 中国电力行业规制集权化效果的实证研究［J］. 产业经济评论，2016（3）：22 – 34.

［164］李子奈. 计量经济学［M］. 北京：高等教育出版社，2002：64 – 87.

［165］李子奈，叶阿忠. 高等计量经济学［M］. 北京：清华大学出版社，2004：78 – 90.

［166］理查德·施马兰西，罗伯特·D. 威利格. 产业组织经济学手册（第2卷）［M］. 李文溥等译. 北京：经济科学出版社，2009：368 – 397.

［167］连升. 2002 – 2004 年沪市电力企业效率评价［J］. 2006（12）：99 – 100.

［168］梁树广，蔡高明. 反垄断案对中国自然垄断行业改革的启示［J］. 中国市场，2011（50）：87 – 91.

［169］梁树广，崔健，袁见. 我国电力行业上市公司的股权结构与技术效率关系［J］. 上海立信会计学院，2011（4）：78 – 86.

［170］梁树广. 规制改革对我国发电行业上市公司绩效影响的实证研究——基于面板数据和随机前沿分析方法［J］. 产业经济评论，2012（1）：36 – 48.

［171］梁树广，王威，许广月. 我国电力行业规制改革两阶段技术效率对比分析［J］. 科技进步与对策，2011（16）：66 – 71.

［172］梁树广. 我国建筑行业上市公司技术效率的随机前沿分析［J］. 科学决策，2010（5）：23 – 28.

［173］梁晓丽，卢文冰，周海明. 能源转型中的电能替代［J］. 智能电网，2015，3（12）：1192 – 1196.

［174］林少宫. 微观计量经济学要义：问题与方法探讨［M］. 武汉：华中科技大学出版社，2003：97 – 102.

［175］刘红琴，王高天，陈品文，杨红娟. 地区电力行业碳排放水平测算及其特点分析［J］. 生态经济，2018，34（4）：34 – 39.

［176］刘力昌，夏梦. 国内电力定价机制改革研究与建议［J］. 开发研究，2015（1）：133 – 136.

［177］刘平阔，王志伟. 中国"能源转型"是否合理？——能源替代—互补关系的实证研究［J］. 中国软科学，2019（8）：14 – 30.

［178］刘强，田川，郑晓奇，陈怡. 中国电力行业碳减排相关政策评价［J］. 资源科学，2017，39（12）：2368 – 2376.

［179］刘文茂，吴建军，杨昆. 电力市场中的市场力指标及表现形式［J］. 电网技术，2007（12）：211 – 214.

[180] 刘新梅，张若勇等．基于随机前沿方法的区域发电技术效率评价 [J]．统计与决策，2007（2）：67 - 69．

[181] 刘艳华，卢鹏．中国电信产业规制效果的实证研究 [J]．东北财经大学学报，2008（1）：44 - 48．

[182] 刘阳平，叶元煦．电力企业纵向经济的理论分析 [J]．东北电力学院学报，1999，19（3）：23 - 27．

[183] 楼旭明，窦彩兰等．基于 DEA 的中国电力改革绩效相对有效性评价 [J]．当代财经，2006（4）：90 - 93．

[184] 罗斯威尔，戈梅兹．电力经济学：管制与放松管制 [M]．叶译译．北京：中国电力出版社，2007：3．

[185] 马甜．中国电力产业市场化改革效果的实证研究 [J]．兰州学刊，2009（6）：83 - 86．

[186] 马西莫·莫塔．竞争政策 [M]．沈国华译，北京：上海财经大学出版社，2006：253 - 264．

[187] 莫雪宏．基于利益相关者的我国可再生能源法律制度研究 [D]．中国计量学院硕士学位论文，2012．

[188] 庞雨蒙．环境政策、竞争引入与异质性发电企业效率 [J]．经济与管理研究，2017，38（11）：69 - 79．

[189] 庞雨蒙，竞争政策、企业全要素生产率与资源配置效应 [J]．北京理工大学（社会科学版），2018（1）：17 - 24．

[190] 平狄克·鲁宾费尔德．微观经济学 [M]．北京：中国人民大学出版社，2000：86 - 98．

[191] 戚聿东，李峰．垄断行业放松规制的进程测度及其驱动因素分解——国际比较与中国实践 [J]．管理世界，2016（10）：72 - 87．

[192] 戚肇东，柳学信等．自然垄断产业改革 [M]．北京：中国社会科学出版社，2009：137 - 157．

[193] 乔治·J. 施蒂格勒．产业组织和政府管制 [M]．潘振民译．上海：上海三联书店，1996：167 - 198．

[194] 曲镇涛，杨恺钧．规制经济学 [M]．上海：复旦大学出版社，2006：102 - 123．

[195] [日] 金泽良雄．经济法概论 [M]．满达人译．北京：中国法制出版社，1985：45．

［196］芮筠，姚乔茜，王乐．电力公司股权集中度与技术效率关系的实证分析——基于 DEA 模型和固定效应模型［J］．财会月刊，2017（36）：53－58．

［197］芮明杰．产业经济学［M］．上海：上海财经大学出版社，2012：187－193．

［198］申敏，窦如婷，汪天凯．国际电力工业发展环境评价方法及模型研究［J］．工业技术经济，2018，37（07）：106－111．

［199］沈剑飞．中国电力行业市场结构分析［J］．现代电力，2004，21（2）：95－100．

［200］施蒂格勒．政府组织与政府管制［M］．潘振民译．上海：上海三联书店，1989：56－80．

［201］石良平，刘小倩．中国电力行业规制效果实证分析［J］．财经研究，2007（7）：134－143．

［202］史蒂芬·马丁．高级产业经济学［M］．史东辉等译．上海：上海财经大学出版社，2003：217－234．

［203］史运杰．我国可再生能源发展路径及国际经验借鉴［D］．中国海洋大学硕士学位论文，2012．

［204］苏东水．产业经济学［M］．北京：高等教育出版社，2006：124－125．

［205］苏武康．中国上市公司股权结构与公司绩效（第一版）［M］．北京：经济科学出版社，2003：155－165．

［206］孙建国，李文博．电力行业技术效率和全要素生产率增长的国际比较［J］．中国经济问题，2003（6）：34－40．

［207］孙敬水．计量经济学［M］．北京：清华大学出版社，2009：265－276．

［208］孙宽平．转轨、规制与制度选择［M］．北京：社会科学文献出版社，2004：109－124．

［209］孙鹏．产权制度、厂商数量与可再生资源市场动态均衡［J］．暨南学报（哲学社会科学版），2014，36（10）：68－76，162．

［210］孙鹏，雷蕾，楼润平．电力产业环境效率评价及与可再生能源电力的互动关系——基于非期望产出的 DEA 方法［J］．石家庄经济学院学报，2015，38（3）：32－37．

［211］孙鹏，李世杰．从价规制与从量规制孰优孰劣？——基于可再生能源产业上网价格政策与配额制的比较研究［J］．财经论丛，2015（11）：105－112．

［212］孙鹏，刘玲，楼润平．可再生能源发电产业上网价格规制政策——基

于固定价格、不变溢价和可变溢价的比较［J］. 系统工程，2016，34（5）：82－89.

［213］孙鹏，楼润平，李清玲. 能源替代、可再生能源发电产业发展与政府规制政策研究［J］. 能源研究与管理，2017（2）：1－7.

［214］孙鹏，聂普焱. 新能源产业规制：研发补贴与支持价格的相机抉择［J］. 当代财经，2013（4）：94－105.

［215］孙鹏，张力. 中国可再生能源发电产业发展与电价政策实施［J］. 中国科技论坛，2015（3）：80－85.

［216］泰勒尔. 产业组织理论［M］. 北京：中国人民大学出版社，1998：264－273.

［217］谭克. 资本结构、股权结构和绩效研究［M］. 北京：中国财政经济出版社，2004：38－87.

［218］谭忠富，李韩房，侯勇. 我国电力产业运行绩效的 SCP 理论分析［J］. 华东电力，2008（7）：5－9.

［219］唐要家. 电力行业规制绩效的实证分析［J］. 产业经济与创新（电子杂志），2004（1）：13－20.

［220］唐要家. 中国自然垄断行业规制效果的实证分析［M］. 沈阳：辽宁大学出版社，2004：36－47.

［221］唐昭霞. 中国电力市场结构规制改革研究［D］. 西南财经大学博士学位论文，2008.

［222］唐昭霞，朱家德. 基于政府规制的发电市场结构演进及国际实践［J］. 华东电力，2008（10）：1165－1168.

［223］陶峰，郭建万等. 电力体制转型期发电行业的技术效率及其影响因素［J］. 中国工业经济，2008（1）：68－76.

［224］田为厚，张金禄. 电力上市公司企业管理效率［J］. 理论学刊，2007（3）：39－41.

［225］W. 吉帕·维斯库斯，约翰·M. 弗农，小约瑟夫·E. 哈林顿. 反垄断与管制经济学［M］. 陈甬军等译. 北京：机械工业出版社，2004：453－459.

［226］汪贵浦. 改革提高了垄断产业的绩效吗？对我国电信、电力、民航、铁路业的实证考察［M］. 杭州：浙江大学出版社，2005：126－154.

［227］王兵，颜鹏飞. 中国的生产率与效率：1952－2000［J］. 数量经济技术经济研究，2006（8）：22－30.

［228］王丙毅，梁树广．产业经济学教程［M］．北京：北京大学出版社，2017.

［229］王丙毅．水权界定、水价体系与中国水市场监管模式研究［M］．北京：经济科学出版社，2019.

［230］王德英．我国电力行业市场化改革效果的实证研究［D］．吉林大学硕士学位论文，2007.

［231］王家庭，赵晶晶．我国电力行业上市公司技术效率的实证研究［J］．兰州商学院学报，2008（5）：101－107.

［232］王俊豪等．深化中国垄断行业改革研究［M］．北京：中国社会科学出版社，2010：213－276.

［233］王俊豪，高伟娜．中国电力产业的普遍服务及其管制政策［J］．经济与管理研究，2008（1）：31－37.

［234］王俊豪．管制经济学原理［M］．北京：高等教育出版社，2007：3－4.

［235］王俊豪，肖兴志，唐要家．中国垄断性产业管制机构的设立与运行机制［M］．北京：商务印书馆，2008.

［236］王俊豪．政府规制经济学导论［M］．北京：商务印书馆，2001：75－103.

［237］王俊豪．中国自然垄断经营产品管制价格形成机制研究［M］．北京：中国经济出版社，2002：214－231.

［238］王蕾．新能源产业发展回顾与展望［J］．中国发展观察，2019（16）：31－35.

［239］王丽，蔡春霞，王忠臣等．我国能源结构及电力供需简析［J］．能源环境保护，2014，28（2）：1－4，8.

［240］王朋，方向，朱海峰，夏睿．基于ISM的电力行业技术效率影响因素分析［J］．武汉理工大学学报（信息与管理工程版），2016，38（6）：726－729.

［241］王萍，王靖．中国民航业规制效果的实证研究［J］．财经问题研究，2008（3）：30－35.

［242］王廷惠．产业技术进步、需求扩展与自然垄断边界变化［J］．学术月刊，2003，（3）：29－36.

［243］王廷惠，自然垄断边界变化与政府管制政策的调整［J］．中国工业经济，2002，（11）：30.

［244］王喜平，江峰．环境规制与电力碳强度——基于门限面板数据的实证

分析［J］. 生态经济，2017，33（12）：41－45，51.

［245］王娴娜，朱林，姜艳靓等. 燃煤电厂烟尘超低排放技术措施研究［J］. 电力科技与环保，2015，31（4）：47－49.

［246］王亚仑. 我国电力体制改革中发电行业竞争格局分析［D］. 东南大学硕士学位论文，2008.

［247］王燕. 应用时间序列分析［M］. 北京：中国人民大学出版社，2008：68－87.

［248］王英姿，邹乐乐. 环境规制对中国电力部门的影响［J］. 科技促进发展，2017，13（12）：1043－1050.

［249］王志轩，刘志强. 我国煤电大气污染物控制现状及展望［J］. 中国工程科学，2015，17（9）：56－62.

［250］威廉·G. 谢泼德，乔安娜·M. 谢泼德. 产业组织经济学［M］. 北京：中国人民大学出版社，2007：163－172.

［251］维斯库斯，弗农，哈林顿. 反垄断与规制经济学［M］. 陈甬军等译. 北京：机械工业出版社，2004：124－127.

［252］沃尔特·亚当斯，詹姆斯·W. 布罗克. 美国产业结构［M］. 北京：中国人民大学出版社，2003：165－179.

［253］吴汉洪. 垄断经济学［M］. 北京：经济日报出版社，2008：76－84.

［254］吴强. 新能源电力价格规制探讨［J］. 价格与市场，2009（10）：34.

［255］伍德里奇. 计量经济学导论现代观点［M］. 北京：中国人民大学出版社，2003：146－175.

［256］夏大慰，范斌. 电力定价：理论、经验与改革模式［J］. 产业经济评论，2002（1）：91－106.

［257］夏大慰，史东辉等. 政府规制：理论经验与中国的改革［M］. 北京：经济科学出版社，2003：60－63.

［258］夏德，张晓琳，卢少华. 绿色规制的多维度比较与选择策略——以电力市场为例［J］. 开发研究，2016（4）：117－120.

［259］小贾尔斯·伯吉斯. 管制和反垄断经济学［M］. 上海：上海财经大学出版社，2003：215－243.

［260］肖新建，杨光，田磊，杨晶，康晓文，李际，高虎，刘小丽. 2016 年我国能源形势分析和 2017 年形势展望［J］. 中国能源，2017，39（3）：5－12.

［261］肖兴志，陈长石. 我国垄断行业规制效果评价体系探讨［J］. 财政

研究, 2008 (12): 18 - 21.

[262] 肖兴志. 对中国电价规制效果的一种检验 [J]. 统计研究, 2005 (9): 35 - 38.

[263] 肖兴志, 齐鹰飞, 郭晓丹等. 中国垄断产业规制效果的实证研究 [M]. 北京: 中国社会科学出版社, 2010: 12 - 25.

[264] 肖兴志, 齐鹰飞, 李红娟. 中国煤矿安全规制效果实证研究 [J]. 中国工业经济, 2008 (5): 67 - 76.

[265] 肖兴志, 孙阳. 规制影响评价的理论、方法与应用 [J]. 经济管理, 2007 (6): 86 - 91.

[266] 肖兴志, 孙阳. 中国电力产业规制效果的实证研究 [J]. 中国工业经济, 2006 (9): 38 - 45.

[267] 肖兴志, 王靖. 中国电信产业规制效果的实证研究 [J]. 财经论丛, 2008 (3): 8 - 14.

[268] 肖兴志. 自然垄断产业规制改革模式研究 [M]. 大连: 东北财经大学出版社, 2003: 34 - 67.

[269] 谢地. 政府规制经济学 [M]. 北京: 高等教育出版社, 2003: 10 - 12.

[270] 徐冬青. 世界可再生能源的发展与我国的政策取向 [J]. 学海, 2009 (6): 69 - 72.

[271] 徐鹏杰, 黄少安. 我国区域创新发展能力差异研究——基于政府与市场的视角 [J]. 财经科学, 2020 (2): 79 - 91.

[272] 徐鹏杰, 杨萍. 扩大开放、全要素生产率与高质量发展 [J]. 经济体制改革, 2019 (1): 32 - 38.

[273] 许小虎, 邹毅. 碳交易机制对电力行业影响分析 [J]. 生态经济, 2016, 32 (3): 92 - 96.

[274] 闫华光, 陈宋宋, 钟鸣等. 电力需求侧能效管理与需求响应系统的研究与设计 [J]. 电网技术, 2015, 39 (1): 42 - 47.

[275] 杨静雅, 刘辉舟. 我国可再生能源发电产业区域发展能力评价 [J]. 价值工程, 2012, 31 (21): 1 - 3.

[276] 杨嵘. 美国能源政府规制的经验及借鉴 [J]. 中国石油大学学报 (社会科学版), 2011, 27 (1): 1 - 6.

[277] 杨淑云, 于良春. 中国电力产业效率和生产率变动的实证研究 [J]. 财经论丛, 2008 (3): 35 - 40.

［278］易丹辉. 数据分析与 Eviews 应用［M］. 北京：中国人民大学出版社，2008：294 – 304.

［279］殷展. 中国输配电产业体制改革的模式和路径研究［D］. 上海社会科学院硕士学位论文，2009.

［280］尹硕，白宏坤，王江波，燕景，李虎军. 电价规制政策与粗放型经济诱发——基于政策有效性检验的视角［J］. 中国管理信息化，2016，19（22）：113 – 114.

［281］于良春等. 自然垄断与政府规制——基本理论与政策分析［M］. 北京：经济科学出版社，2003：234 – 257.

［282］于良春，杨淑云，于华阳. 中国电力产业规制改革及其绩效的实证分析［J］. 经济与管理研究，2006（10）：36 – 40.

［283］余晖. 管制与自律［M］. 杭州：浙江大学出版社，2008：25 – 29.

［284］袁永科，任旭东，迟远英. 环境规制对中国能源产业清洁产出的反向 U 型影响分析［J］. 山西财经大学学报，2015，37（8）：63 – 77.

［285］张凤兵. 我国电力行业发电侧市场结构变化实证分析［J］. 能源技术经济，2010，22（2）：14 – 18.

［286］张各兴，夏大慰. 所有权结构、环境规制与中国发电行业的效率［J］. 中国工业经济，2011（6）：130 – 140.

［287］张坤民，王灿. 中国环境保护和政策框架及其投资重点［J］. 中国人口·资源与环境，2000，10（1）：25 – 29.

［288］张萌，张斌. 浅析世界可再生能源政策及发展［N］. 中国能源报，2014 – 05 – 12（005）.

［289］张萌，张斌. 世界可再生能源发展现状及展望［J］. 中国电力企业管理，2014（19）：42 – 44.

［290］张树伟，陈晓娟. "上大压小" 政策的综合评估［J］. 中国能源，2014（9）：64 – 66.

［291］张树伟. 碳税对我国电力结构演变的影响——基于 CSGM 模型的模拟［J］. 能源技术经济，2011，23（3）：11 – 15.

［292］张维迎. 博弈论与信息经济学［M］. 上海：上海三联出版社，2004：129 – 134.

［293］张宪昌. 我国新能源产业发展政策研究［M］. 北京：经济科学出版社，2018.

[294] 张晓峒. 计量经济分析 [M]. 北京：经济科学出版社，2000：211 – 234.

[295] 张昕竹，让·拉丰，安·易斯塔什. 网络产业：规制与竞争理论 [M]. 北京：社会科学文献出版社，2000：55 – 88.

[296] 张昕竹. 中国规制与竞争：理论和政策 [M]. 北京：社会科学文献出版社，2000：97 – 107.

[297] 张新华. 电力市场中发电市场结构与企业竞价行为研究 [D]. 重庆大学博士学位论文，2004.

[298] 张兆林. 非物质文化遗产保护实践中的商业活动探究——以我国传统木版年画为核心个案 [J]. 艺术百家，2018，34（1）：240 – 245.

[299] 张兆林. 非物质文化遗产集体性项目传承人保护策略研究——以聊城木版年画为核心个案 [J]. 文化遗产，2019（1）：26 – 33.

[300] 张兆林，束华娜. 基于文化自觉视角的非物质文化遗产保护与新文化创造 [J]. 美术观察，2017（6）：111 – 114.

[301] 赵洱崟，刘平阔. 固定电价与可再生能源配额交易的政策效果——基于生物质发电产业 [J]. 工业技术经济，2013，32（9）：125 – 137.

[302] 赵伟，张敏燕，陈洋洋，周树理. 英国可再生能源产业对中国的借鉴意义 [J]. 当代石油石化，2012，20（9）：40 – 46.

[303] 赵振宇，张爽莹，田玉喜. 我国光伏产业发展的路径 [J]. 可再生能源，2012，30（4）：1 – 5.

[304] 赵卓. 技术进步、自然垄断边界与规制政策选择 [J]. 江汉论坛，2007（4）：39 – 41.

[305] 植草益. 微观规制经济学 [M]. 北京：中国发展出版社，1992.

[306] 钟永飞，赵雪峰. 对新能源电力行业发展的思考——以新疆风电光伏发电行业为例 [J]. 金融发展评论，2017（7）：74 – 81.

[307] 朱承亮. 环境规制下中国火电行业全要素生产率及其影响因素 [J]. 经济与管理评论，2016，32（6）：60 – 70.

[308] 朱法华，王临清. 煤电超低排放的技术经济与环境效益分析 [J]. 环境保护，2014，42（21）：28 – 33.

附　录　发电行业相关数据

附表 1　1949～2018 年中国发电行业装机容量和发电量

年份	装机容量（万千瓦）	水电	火电	风电并网	核电	发电量（亿千瓦时）	水电	火电	风力发电（并网）	核电
1949	173					43	7	6		
1952	197	19	178			73	13	60		
1957	464	102	362			193	48	145		
1962	1304	238	1066			458	90	368		
1965	1508	302	1206			676	104	572		
1970	2377	624	1753			1159	205	954		
1975	4341	1343	2998			1958	476	1482		
1976	4715	1466	3249			2031	456	1575		
1977	5145	1576	3569			2234	476	1758		
1978	5712	1728	3984			2566	446	2119		
1979	6302	1911	4391			2820	501	2318		
1980	6587	2032	4555			3006	582	2424		
1981	6913	2193	4720			3093	656	2437		
1982	7236	2296	4940			3277	744	2533		
1983	7644	2416	5228			3514	864	2651		
1984	8012	2560	5452			3770	868	2902		
1985	8705	2641	6064			4107	924	3183		
1986	9382	2754	6628			4495	945	3551		
1987	10290	3019	7271			4973	1002	3971		
1988	11550	3270	8280			5452	1092	4359		
1989	12664	3458	9206			5848	1185	4662		
1990	13789	3605	10184			6212	1263	4950		
1991	15147	3788	11359			6775	1248	5527		

续表

年份	装机容量（万千瓦）	水电	火电	风电并网	核电	发电量（亿千瓦时）	水电	火电	风力发电（并网）	核电
1992	16653	4068	12585			7539	1315	6227		
1993	18291	4489	13802			8395	1516	6868		
1994	19990	4906	14874			9281	1668	7470		
1995	21722	5218	16294			10070	1868	8074		
1996	23654	5558	17886			10813	1869	8781		
1997	25424	5973	19241			11356	1946	9252		
1998	27729	6507	20988			11670	2043	9388		
1999	29877	7297	22343		210	12393	2129	10047		
2000	31932	7935	23754		210	13556	2431	11079		
2001	33861	8301	25314		210	14808	2661	12045		
2002	35657	8607	26555		447	16540	2710	13420		
2003	39141	9490	28977		619	19106	2837	15790		
2004	44070	10826	32490		684	22033	3535	18073		
2005	50841	11652	38413			25003	3970	20810	16	
2006	62200	12857	48405	187	685	28657	4148	23741	28	
2007	71329	14526	55442	403	885	32816	4714	27207	57	593
2008	79253	17152	60132	894	885	34958	5655	28030	131	653
2009	87407	19679	65205	1613	908	37147	5717	30117	276	657
2010	96641	21606	70967	2958	1082	42072	6867	34166	494	710
2011	105576	23051	76546	4505	1257	47130	6681	39003	741	826
2012	114491	24890	81917	6083	1257	49876	8556	39255	1004	927
2013	124738	28002	86238	7548	1461	54316	8921	42216	1383	1048
2014	136463	30444	91819	9686	2008	56496	10601	43030	1598	1238
2015	150673	31937	99021	12830	2717	58146	11117	41868	1863	1612
2016	164575	33211	105388	14864	3364	61332	11807	42886	2410	2105
2017	177703	34119	110604	16367	3582	64951	11945	45513	3057	2475
2018	189967	35226	114367	18426	4466	71118	12529	49251	3660	2771

附表 2 （a）　中国发电行业总量规制效果检验数据

年份	发电量（亿千瓦时）	原煤（亿吨）	国内生产总值（亿元）	城市化指数
1971	1384.00	3.92	2426.40	0.173
1972	1524.00	4.1	2518.10	0.171
1973	1668.00	4.17	2720.90	0.172
1974	1688.00	4.13	2789.90	0.172
1975	1958.00	4.82	2997.30	0.173
1976	2031.00	4.83	2943.70	0.174
1977	2234.00	5.5	3201.90	0.176
1978	2566.00	6.18	3645.20	0.179
1979	2820.00	6.35	4062.60	0.190
1980	3006.00	6.2	4545.60	0.194
1981	3093.00	6.22	4891.60	0.202
1982	3277.00	6.66	5323.40	0.211
1983	3514.00	7.15	5962.70	0.216
1984	3770.00	7.89	7208.10	0.230
1985	4107.00	8.72	9016.00	0.237
1986	4495.00	8.94	10275.20	0.245
1987	4973.00	9.28	12058.60	0.253
1988	5452.00	9.8	15042.80	0.258
1989	5848.00	10.54	16992.30	0.262
1990	6212.00	10.8	18667.80	0.264
1991	6775.00	10.87	21781.50	0.269
1992	7539.00	11.16	26923.50	0.275
1993	8395.00	11.51	35333.90	0.280
1994	9281.00	12.42	48197.90	0.285
1995	10070.00	13.61	60793.70	0.290
1996	10813.00	13.97	71176.60	0.305
1997	11356.00	13.73	78973.00	0.319
1998	11670.00	12.5	84402.30	0.334
1999	12393.00	10.45	89677.10	0.348
2000	13556.00	9.98	99214.60	0.362
2001	14808.00	11.61	109655.20	0.377
2002	16540.00	13.8	120332.70	0.391
2003	19106.00	16.67	135822.80	0.405
2004	22033.00	19.92	159878.30	0.418
2005	25003.00	22.05	184937.37	0.430
2006	28657.00	23.73	216314.43	0.439
2007	32816.00	25.26	265810.31	0.449
2008	34669.00	27.88	314045.43	0.457
2009	35874.00	29.65	340903.00	0.466
2010	42280.00	32.4	397983.00	0.490
2011	47130.19	37.64	487940.20	0.513
2012	49876.00	39.45	538580.00	0.526
2013	54316.40	39.74	592963.20	0.537
2014	56495.83	38.74	641280.60	0.548
2015	58145.73	37.47	685992.90	0.561
2016	61331.60	34.11	740060.80	0.574
2017	64951.43	35.24	820754.30	0.585

附表 2（b）　中国发电行业价格规制效果检验数据

年份	电力工业价格指数	人均国内总产值（元）	煤炭工业价格指数	火电占总电力的比重（%）
1980	98.4	468	106.4	80.60
1981	101.6	497	102.6	78.80
1982	98.9	533	101.9	77.30
1983	105.6	588	101.5	75.40
1984	102.1	702	102.6	77.00
1985	103.4	866	117.6	77.50
1986	102.4	973	96.8	79.00
1987	103.1	1123	102.8	79.90
1988	101.7	1378	110.6	80.00
1989	105.9	1536	112.2	79.70
1990	107.4	1663	106.2	79.70
1991	116.9	1912	113.1	81.60
1992	108.8	2334	116.1	82.60
1993	135.9	3027	139.7	81.90
1994	139.5	4081	122.2	80.50
1995	109.5	5091	111.3	80.20
1996	113.1	5898	113.7	81.30
1997	114	6481	108	81.60
1998	105.5	6860	96.6	81.10
1999	100.9	7229	94.8	81.50
2000	102.4	7942	98.1	81.00
2001	102.3	8717	106.5	81.20
2002	100.8	9506	111.6	80.90
2003	100.9	10666	107	82.70
2004	102.4	12487	115.9	81.50
2005	104.2	14368	118.2	81.90
2006	102.8	16738	105.8	82.70
2007	102.2	20494	128	82.90
2008	101.8	24100	151	80.40
2009	102.3	26180	169	83.30
2010	102.19	30808	191	80.70
2011	101.6	36302	201	82.84
2012	103.6	39874	170	78.58
2013	100.2	43684	161	80.36
2014	100.2	47173	137	74.93
2015	100.1	50237	125	74.93
2016	100.3	54139	160	74.36
2017	100.5	60014	158	77.34

附表 2（c） 中国发电行业利润规制效果检验数据

年份	资产贡献率（%）	电力工业价格指数	人均国内总产值（元）	煤炭工业价格指数
1980	20.58	98.4	468	106.4
1981	23.34	101.6	497	102.6
1982	21.83	98.9	533	101.9
1983	23.2	105.6	588	101.5
1984	24.24	102.1	702	102.6
1985	16	103.4	866	117.6
1986	16.08	102.4	973	96.8
1987	16.52	103.1	1123	102.8
1988	13.95	101.7	1378	110.6
1989	13.75	105.9	1536	112.2
1990	18.03	107.4	1663	106.2
1991	12.95	116.9	1912	113.1
1992	11.55	108.8	2334	116.1
1993	10.2	135.9	3027	139.7
1994	9.82	139.5	4081	122.2
1995	7.86	109.5	5091	111.3
1996	8.84	113.1	5898	113.7
1997	7.84	114	6481	108
1998	7.78	105.5	6860	96.6
1999	6.45	100.9	7229	94.8
2000	6.9	102.4	7942	98.1
2001	7.23	102.3	8717	106.5
2002	7.04	100.8	9506	111.6
2003	7.14	100.9	10666	107
2004	7.53	102.4	12487	115.9
2005	7.46	104.2	14368	118.2
2006	8.36	102.8	16738	105.8
2007	8.81	102.2	20494	128
2008	5.86	101.8	24100	151
2009	5.81	102.3	26180	169
2010	6.73	102.19	30808	191
2011	6.72	101.6	36302	201
2012	7.88	103.6	39874	170
2013	8.55	100.2	43684	161
2014	8.31	100.2	47173	137
2015	7.35	100.1	50237	125
2016	8.12	100.3	54139	160
2017	8.02	100.5	60014	158

附表 2（d）　中国发电行业效率规制效果检验数据

年份	技术效率	时间（年）	市场化（%）	从业人员（万人）	装机容量（万千瓦）	发电煤耗（克/千瓦时）
1980	0.81	1	100	100.3	6587	413
1981	0.78	2	100	112.115	6913	407
1982	0.74	3	100	112.2	7236	404
1983	0.70	4	100	107.95	7644	400
1984	0.67	5	100	102.85	8012	398
1985	0.82	6	99.1	98.94	8705	398
1986	0.76	7	98.5	105.06	9382	398
1987	0.70	8	97.2	113.135	10290	398
1988	0.77	9	96.5	121.21	11550	397
1989	0.71	10	95.5	126.14	12664	397
1990	0.78	11	95.6	139.4	13789	392
1991	0.71	12	94.87	147.9	15147	390
1992	0.75	13	94.8	154.7	16653	386
1993	0.78	14	93.87	147.9	18291	384
1994	0.81	15	88.52	162.35	19780	381
1995	0.83	16	88.58	170.85	21512	379
1996	0.76	17	88.33	180.2	23444	377
1997	0.78	18	83.27	187	25214	375
1998	0.71	19	85.68	185.3	27495	373
1999	0.72	20	87.99	186.15	29640	369
2000	0.73	21	87.55	185.3	31932	363
2001	0.74	22	87.66	186.15	33849	357
2002	0.80	23	86.32	187.85	35657	356
2003	0.87	24	83.25	188.7	39141	355
2004	0.89	25	82.45	190.4	44239	349
2005	0.89	26	81.78	192.78	51718	343
2006	0.85	27	81.23	194.82	62370	342
2007	0.87	28	80.23	195.381	71822	332
2008	0.85	29	80.12	194.4205	79273	322
2009	0.81	30	79.89	192.1	87410	320
2010	0.89	31	78.28	190.4	96219	312
2011	0.86	32	77.45	185.4	105576	308
2012	0.86	33	77.56	202.87	114491	304
2013	0.87	34	76.83	203.23	124738	301
2014	0.89	35	75.43	204.34	136463	299
2015	0.88	36	74.34	205.95	150673	297
2016	0.87	37	73.23	196.65	164574	294
2017	0.86	38	73.56	196.05	177703	292

附表3 发电行业上市公司相关数据

股票代码	年份	净资产收益率（％）	资产负债率（％）	上市年龄（年）	营业收入（亿元）	固定资产（亿元）	资产总计（亿元）	员工总数（人）
600674	1997	0.37	59.77	4	10.34	2.62	3.12	1023
600719	1997	13.43	49.80	1	8.08	3.90	2.61	978
000899	1997	20.55	18.44	0	12.42	5.46	3.76	1025
600098	1997	25.37	59.90	0	71.91	52.25	21.46	952
600886	1997	42.48	29.31	1	5.87	4.90	13.66	764
600864	1997	9.63	53.47	3	7.34	3.26	2.07	2042
600744	1997	18.59	45.99	1	22.38	17.00	6.03	3500
600101	1997	17.34	18.62	0	2.76	1.48	1.46	1728
600863	1997	11.22	10.64	3	12.31	6.39	4.23	5021
600116	1997	15.83	34.49	0	7.98	4.74	1.21	952
600642	1997	19.16	47.78	4	98.65	1.82	2.33	1158
000037	1997	17.45	44.22	3	10.16	4.11	4.29	263
000027	1997	17.29	59.74	4	55.17	38.31	13.99	38
000531	1997	10.99	49.22	3	13.29	6.52	6.18	627
600780	1997	10.79	35.11	1	3.74	0.97	0.92	567
000543	1997	14.35	6.40	4	20.80	7.12	7.79	2689
000720	1997	18.92	39.55	1	9.22	2.86	5.21	2298
001896	1997	15.35	27.39	0	12.21	8.28	4.42	1205
000539	1997	17.56	23.53	4	70.33	41.76	23.76	1324
000767	1997	20.58	46.00	0	12.42	9.57	9.28	2932
600674	1998	10.60	53.36	5	9.56	2.05	2.80	1105
600719	1998	11.49	54.63	2	10.00	4.33	2.76	996
000899	1998	17.46	16.59	1	13.65	9.40	4.51	1132
600098	1998	23.09	53.51	1	74.88	51.87	26.58	983
600886	1998	10.00	20.12	2	12.74	8.52	12.19	794
600864	1998	10.55	52.68	4	7.60	2.91	1.90	2153
600744	1998	11.75	54.41	2	25.31	18.19	10.41	3601
600101	1998	30.38	13.89	1	3.45	1.46	1.95	1769
600863	1998	18.45	18.46	4	14.70	6.37	4.19	5234
600116	1998	10.91	42.40	1	10.48	5.53	1.76	1247
600642	1998	27.24	40.03	5	106.95	1.90	0.91	32
000037	1998	13.92	41.28	4	9.93	3.69	3.93	275
000027	1998	17.59	54.71	5	52.96	35.06	13.96	40
000531	1998	11.90	53.70	4	15.94	12.26	6.43	645
600780	1998	10.49	69.55	2	8.60	5.51	2.29	598
000543	1998	10.25	5.93	5	23.97	6.52	6.74	2714

股票代码	年份	净资产收益率（％）	资产负债率（％）	上市年龄（年）	营业收入（亿元）	固定资产（亿元）	资产总计（亿元）	员工总数（人）
000720	1998	15.35	43.95	2	12.35	4.32	5.91	2345
001896	1998	13.07	31.42	1	14.74	7.90	4.46	1245
000539	1998	18.89	25.78	5	78.21	46.55	27.52	1432
000767	1998	16.95	35.61	1	12.35	8.72	8.60	3021
600674	1999	7.95	36.29	6	6.53	1.48	3.03	1124
600719	1999	7.64	39.55	3	10.74	4.91	2.77	1087
000899	1999	10.63	12.05	2	14.37	8.60	4.69	1245
600098	1999	19.39	48.32	2	73.55	49.74	24.41	1052
600886	1999	（5.21）	23.08	3	12.45	8.28	13.15	813
600864	1999	6.99	46.91	5	8.24	2.76	1.92	2289
600744	1999	10.75	37.79	3	42.73	25.68	9.60	3650
600101	1999	18.94	12.44	2	6.63	2.08	2.07	1835
600863	1999	9.10	12.40	5	36.84	31.53	12.27	5632
600116	1999	6.24	48.03	2	11.02	5.57	2.50	1324
600642	1999	15.61	65.43	6	123.60	43.69	11.45	38
000037	1999	19.74	40.89	5	10.05	4.76	6.01	280
000027	1999	18.11	48.52	6	50.51	25.84	15.84	42
000531	1999	12.60	50.47	5	14.92	11.67	6.01	698
600780	1999	17.01	47.71	3	8.71	5.90	1.76	623
000543	1999	8.06	13.56	6	26.80	6.03	6.43	2801
000720	1999	12.90	46.25	3	24.41	12.51	7.89	2378
001896	1999	12.56	38.75	2	14.60	7.81	4.07	1267
000539	1999	20.97	25.38	6	85.88	49.81	34.37	1478
000767	1999	23.04	36.84	2	11.98	7.85	8.95	3145
600674	2000	26.25	43.40	7	9.57	0.62	5.96	1178
600719	2000	9.52	46.89	4	12.00	7.18	3.20	1135
000899	2000	6.97	7.41	3	15.81	7.98	4.97	1293
600098	2000	24.55	36.23	3	82.51	46.95	34.59	1156
600886	2000	0.62	18.27	4	11.67	6.82	18.59	852
600864	2000	4.23	44.25	6	8.28	3.18	2.36	2356
600744	2000	6.84	41.93	4	45.77	22.98	10.68	3798
600101	2000	13.45	27.29	3	9.70	6.77	2.43	1956
600863	2000	9.26	11.31	6	37.70	29.12	14.23	5789
600116	2000	7.04	51.98	3	11.34	5.98	2.22	1652
600642	2000	33.73	51.25	7	99.15	48.68	14.24	40
000037	2000	22.15	46.51	6	13.41	6.33	8.90	285

股票代码	年份	净资产收益率（%）	资产负债率（%）	上市年龄（年）	营业收入（亿元）	固定资产（亿元）	资产总计（亿元）	员工总数（人）
000027	2000	16.87	42.32	7	75.44	46.61	23.08	49
000531	2000	10.63	41.85	6	14.42	11.51	6.68	701
600780	2000	11.29	38.30	4	7.80	5.69	2.41	643
000543	2000	9.68	15.59	7	27.90	5.41	6.90	2831
000720	2000	10.71	46.40	4	25.27	13.29	14.59	2398
001896	2000	8.87	29.43	3	13.99	7.58	3.88	1275
000539	2000	21.71	35.87	7	112.99	64.17	42.88	1502
000767	2000	12.85	69.01	3	48.44	40.78	9.37	3213
600674	2001	12.43	35.17	8	9.40	0.76	6.54	1290
600719	2001	8.40	55.41	5	15.02	7.66	3.72	1252
000899	2001	4.22	8.88	4	15.50	7.80	4.95	1328
600098	2001	20.82	34.03	4	91.26	48.10	39.08	1208
600886	2001	(4.37)	5.49	5	9.11	6.03	19.06	890
600864	2001	5.01	47.54	7	9.16	3.43	2.14	2408
600744	2001	4.13	41.91	5	50.93	25.93	10.70	3789
600101	2001	9.64	26.72	4	13.62	8.15	2.48	2044
600863	2001	6.24	10.53	7	41.59	26.93	14.32	5380
600116	2001	3.92	52.89	4	11.36	6.10	2.92	1770
600642	2001	23.51	48.55	8	99.08	47.60	20.05	45
000037	2001	25.00	37.28	7	15.57	8.29	10.84	289
000027	2001	15.44	40.42	8	77.65	49.16	33.48	53
000531	2001	11.32	43.92	7	16.07	11.98	8.61	732
600780	2001	11.67	23.74	5	6.91	4.72	2.66	656
000543	2001	7.30	12.39	8	27.21	4.99	6.72	2974
000720	2001	9.48	48.87	5	27.81	13.67	18.33	2404
001896	2001	5.86	37.39	4	14.43	7.34	4.30	1284
000539	2001	19.61	30.39	8	121.93	73.98	54.41	1592
000767	2001	9.82	67.02	4	45.93	38.00	13.59	3639
600674	2002	6.62	40.98	9	11.14	0.40	6.45	1229
600719	2002	4.31	56.70	6	17.08	10.58	3.70	1308
000899	2002	2.77	10.56	5	16.03	7.94	5.16	1322
600098	2002	16.39	38.88	5	107.47	49.49	40.71	1202
600886	2002	(4.05)	70.64	6	46.89	36.34	25.36	16
600864	2002	2.42	49.54	8	9.30	3.48	2.31	2363
600744	2002	0.13	44.50	6	52.85	28.81	10.03	3947
600101	2002	7.79	23.57	5	14.25	9.70	3.25	3029

续表

股票代码	年份	净资产收益率（%）	资产负债率（%）	上市年龄（年）	营业收入（亿元）	固定资产（亿元）	资产总计（亿元）	员工总数（人）
600863	2002	6.33	43.74	8	81.17	59.52	20.08	5830
600116	2002	1.60	54.48	5	11.80	6.35	3.33	1823
600642	2002	16.89	42.64	9	134.93	79.62	28.20	46
000037	2002	37.46	41.37	8	20.29	10.83	16.23	301
000027	2002	18.46	32.34	9	79.94	52.33	38.29	59
000531	2002	12.80	52.20	8	19.49	17.59	8.60	726
600780	2002	9.20	12.80	6	12.54	4.37	2.79	656
000543	2002	4.81	11.03	9	26.44	4.64	7.20	2711
000720	2002	6.14	49.70	6	29.19	14.30	17.55	3011
001896	2002	4.58	33.00	5	13.59	6.95	4.75	1240
000539	2002	18.76	30.22	9	117.29	74.89	56.20	1725
000767	2002	6.12	66.24	5	46.25	36.28	15.85	3731
600674	2003	7.37	37.99	10	11.19	0.41	7.32	1210
600719	2003	2.39	52.79	7	15.50	10.49	4.08	1278
000899	2003	5.57	9.21	6	16.68	8.37	5.68	1322
600098	2003	14.24	28.86	6	101.43	45.37	35.18	1247
600886	2003	23.17	64.62	7	46.01	37.07	13.77	18
600864	2003	4.04	47.33	9	9.29	3.39	2.52	2347
600744	2003	0.71	50.62	7	59.21	34.42	13.98	4131
600101	2003	9.51	42.87	6	22.94	11.34	4.09	2367
600863	2003	8.37	54.66	9	116.80	88.13	30.37	8279
600116	2003	(50.18)	65.06	6	11.67	7.19	3.52	1992
600642	2003	14.58	34.31	10	152.51	103.08	37.10	41
000037	2003	35.79	37.48	9	25.72	15.38	18.64	360
000027	2003	22.35	25.71	10	90.76	54.47	48.28	61
000531	2003	20.60	53.11	9	23.57	19.16	10.26	660
600780	2003	19.41	71.91	7	51.44	41.74	18.68	2223
000543	2003	9.01	26.68	10	42.36	22.75	17.32	2503
000720	2003	4.73	38.51	7	24.92	12.79	16.78	1586
001896	2003	6.27	27.88	6	12.98	6.37	5.11	1233
000539	2003	16.86	22.51	10	124.45	76.40	60.29	1717
000767	2003	12.62	61.95	6	46.55	33.89	20.17	3725
600674	2004	7.33	31.13	11	11.82	4.38	8.31	1203
600719	2004	2.70	53.75	8	16.19	10.30	4.61	1201
000899	2004	2.95	13.35	7	17.26	9.14	6.53	1300
600098	2004	11.69	18.95	7	108.32	46.32	47.33	1157

续表

股票代码	年份	净资产收益率（%）	资产负债率（%）	上市年龄（年）	营业收入（亿元）	固定资产（亿元）	资产总计（亿元）	员工总数（人）
600886	2004	27.64	73.29	8	90.11	74.69	23.78	34
600864	2004	4.07	47.23	10	9.66	4.44	2.76	2337
600744	2004	0.30	58.00	8	68.99	43.06	21.45	4075
600101	2004	7.12	46.04	7	25.87	12.36	5.48	2428
600863	2004	6.76	63.46	10	156.75	118.86	41.23	9649
600116	2004	2.63	62.81	7	11.31	7.51	4.03	1909
600642	2004	13.38	40.10	11	179.52	109.76	57.34	43
000037	2004	26.17	50.71	10	38.01	24.37	24.33	403
000027	2004	16.74	30.97	11	108.04	54.76	58.43	65
000531	2004	19.25	45.44	10	31.19	23.29	14.21	699
600780	2004	16.86	63.26	8	45.55	37.78	20.92	2363
000543	2004	4.72	26.66	11	42.76	20.73	22.28	2629
000720	2004	2.38	60.21	8	38.66	23.72	17.04	662
001896	2004	(10.03)	25.23	7	11.05	5.87	5.40	1215
000539	2004	11.90	24.76	11	133.04	82.61	71.51	1515
000767	2004	11.61	60.70	7	46.83	32.09	21.84	3780
600674	2005	7.38	22.96	12	11.23	4.11	2.68	637
600719	2005	1.57	57.75	9	17.46	9.81	5.36	1029
000899	2005	2.36	17.31	8	18.51	9.93	6.67	1293
600098	2005	8.23	20.07	8	114.76	51.65	62.65	1350
600886	2005	27.84	72.15	9	89.93	76.64	30.57	38
600864	2005	0.43	47.89	11	9.86	4.31	3.46	2359
600744	2005	(6.75)	70.03	9	88.85	61.79	26.35	4075
600101	2005	(28.95)	57.64	8	22.04	14.23	5.39	2389
600863	2005	1.56	68.05	11	183.36	143.00	51.97	10146
600116	2005	4.97	55.89	8	10.10	6.47	3.83	1974
600642	2005	14.33	35.63	12	180.34	108.03	79.64	1085
000037	2005	1.82	59.86	11	42.30	29.40	30.31	402
000027	2005	17.21	27.68	12	112.23	62.41	69.08	65
000531	2005	14.40	46.76	11	33.32	27.34	15.59	706
600780	2005	9.03	64.57	9	41.62	34.00	21.60	2372
000543	2005	(0.41)	25.94	12	39.92	19.15	22.81	2586
000720	2005	1.40	63.06	9	41.24	24.96	19.86	773
001896	2005	0.11	28.98	8	11.66	5.26	6.89	1179
000539	2005	8.74	38.41	12	169.93	108.15	83.17	1652
000767	2005	12.75	57.26	8	45.20	30.04	23.49	3397

股票代码	年份	净资产收益率（％）	资产负债率（％）	上市年龄（年）	营业收入（亿元）	固定资产（亿元）	资产总计（亿元）	员工总数（人）
600674	2006	5.73	59.41	13	32.25	3.94	3.19	689
600719	2006	3.24	57.43	10	17.11	8.75	5.95	1055
000899	2006	3.94	27.93	9	21.80	10.90	7.23	1275
600098	2006	9.32	24.17	9	124.07	66.27	60.85	1597
600886	2006	22.74	73.04	10	166.30	136.22	62.13	37
600864	2006	(0.20)	42.47	12	33.97	7.84	4.40	2573
600744	2006	6.86	72.59	10	99.32	75.62	29.32	4367
600101	2006	(18.58)	60.46	9	20.86	15.11	6.41	2375
600863	2006	4.88	71.05	12	213.44	168.53	64.93	9789
600116	2006	2.52	61.13	9	11.79	8.09	4.61	1950
600642	2006	15.56	25.05	13	199.92	135.53	88.68	1431
000037	2006	4.06	62.40	12	47.72	29.32	38.75	402
000027	2006	20.68	45.66	13	220.28	60.35	94.06	64
000531	2006	16.67	54.00	12	38.11	33.80	16.33	729
600780	2006	10.87	58.23	10	37.43	31.31	22.55	2346
000543	2006	2.50	40.38	13	50.91	32.32	22.13	2858
000720	2006	1.48	63.86	10	41.28	29.22	25.00	1292
001896	2006	(9.23)	38.67	9	12.39	14.46	5.58	1171
000539	2006	8.80	44.05	13	204.48	136.76	87.32	1887
000767	2006	19.64	70.56	9	75.50	56.20	31.43	3336
600674	2007	4.62	65.22	14	47.72	34.79	3.63	855
600719	2007	2.65	59.48	11	17.91	9.69	6.02	905
000899	2007	2.28	30.24	10	22.72	9.73	6.41	1366
600098	2007	13.08	26.89	10	142.61	66.44	71.55	1530
600886	2007	16.48	64.40	11	180.41	138.27	66.49	38
600864	2007	12.60	35.51	13	50.18	8.16	5.40	2544
600744	2007	0.48	70.18	11	119.76	78.20	36.34	4401
600101	2007	10.23	55.74	10	21.01	14.99	5.19	1966
600863	2007	4.71	73.34	13	237.01	182.89	68.24	8088
600116	2007	9.10	62.32	10	13.26	9.35	5.06	2114
600642	2007	14.09	32.16	14	278.38	150.86	82.57	1549
000037	2007	7.13	66.39	13	55.53	28.77	36.20	374
000027	2007	15.97	43.82	14	245.18	129.78	103.57	75
000531	2007	1.24	62.81	13	46.01	36.14	21.72	754
600780	2007	15.50	48.85	11	32.71	26.82	20.83	1553
000543	2007	1.66	40.49	14	102.83	37.63	26.35	4268

股票代码	年份	净资产收益率（％）	资产负债率（％）	上市年龄（年）	营业收入（亿元）	固定资产（亿元）	资产总计（亿元）	员工总数（人）
000720	2007	（10.16）	70.27	11	47.56	29.28	19.53	1323
001896	2007	1.46	35.15	10	12.36	4.52	4.28	1159
000539	2007	7.44	50.05	14	240.53	147.39	103.93	1480
000767	2007	16.81	62.33	10	92.77	61.33	37.18	3338
600674	2008	21.77	66.36	15	61.25	43.15	5.19	759
600719	2008	1.58	60.53	12	18.53	9.45	5.81	790
000899	2008	2.43	79.10	11	67.37	50.23	22.56	448
600098	2008	4.24	29.28	11	140.29	67.62	82.05	1615
600886	2008	2.99	67.01	12	182.70	138.66	65.80	40
600864	2008	12.06	45.94	14	32.85	8.43	6.10	2569
600744	2008	（45.19）	86.11	12	129.10	84.61	32.35	5199
600101	2008	9.49	49.08	11	19.48	14.63	5.70	1989
600863	2008	（21.36）	77.03	14	232.67	183.75	72.88	7326
600116	2008	9.96	67.22	11	15.97	10.51	5.98	2147
600642	2008	4.35	43.09	15	313.26	161.36	129.17	1669
000037	2008	0.62	61.17	14	49.86	25.71	31.57	367
000027	2008	9.18	53.45	15	293.85	151.40	106.43	117
000531	2008	（7.42）	70.25	14	52.66	38.34	28.11	793
600780	2008	0.78	43.71	12	29.23	23.55	19.28	1523
000543	2008	0.35	54.11	15	90.90	52.41	28.21	4054
000720	2008	（30.20）	81.75	12	56.97	40.52	21.28	1340
001896	2008	（67.69）	64.13	11	11.04	4.69	3.11	1119
000539	2008	0.33	54.84	15	246.29	148.31	116.18	1947
000767	2008	（33.46）	78.44	11	104.61	71.12	33.86	2510
600674	2009	4.90	44.98	16	99.01	47.00	9.02	620
600719	2009	1.92	59.55	13	18.33	9.49	6.27	862
000899	2009	5.56	76.56	12	63.93	48.73	21.68	459
600098	2009	8.31	30.85	12	154.26	71.66	75.67	1752
600886	2009	7.96	81.49	13	883.91	778.42	119.17	6120
600864	2009	10.95	42.04	15	40.86	9.38	7.38	2579
600744	2009	3.13	84.93	13	143.64	92.30	55.49	5690
600101	2009	15.98	45.44	12	21.66	15.77	7.72	2087
600863	2009	12.09	74.56	15	223.48	177.73	71.97	5122
600116	2009	9.74	66.82	12	17.75	11.80	6.24	2053
600642	2009	11.26	35.92	16	316.66	159.26	153.95	1729
000037	2009	4.09	58.27	15	49.27	24.96	18.68	363

股票代码	年份	净资产收益率（%）	资产负债率（%）	上市年龄（年）	营业收入（亿元）	固定资产（亿元）	资产总计（亿元）	员工总数（人）
000027	2009	16.41	48.15	16	302.50	162.33	113.89	137
000531	2009	30.77	65.73	15	62.69	37.68	28.90	776
600780	2009	0.42	39.80	13	27.48	21.26	19.08	1501
000543	2009	2.98	50.38	16	112.95	62.99	33.26	3925
000720	2009	1.95	81.57	13	58.46	43.77	27.62	1322
001896	2009	(58.02)	79.26	12	10.51	4.24	3.39	1070
000539	2009	13.16	60.04	16	301.64	192.55	122.35	1505
000767	2009	0.62	79.79	12	113.16	81.54	40.35	2565
600674	2010	6.36	41.85	17	99.87	46.89	10.95	656
600719	2010	1.68	49.47	14	14.82	9.20	6.67	759
000899	2010	(2.70)	77.53	13	64.60	46.90	20.57	459
600098	2010	8.26	31.96	13	173.10	87.60	88.59	1790
600886	2010	5.48	84.01	14	1005.83	902.73	159.48	6641
600864	2010	12.63	42.42	16	38.11	9.18	7.90	2578
600744	2010	1.64	87.51	14	144.94	97.31	75.31	5124
600101	2010	12.52	44.29	13	24.26	16.25	8.41	2527
600863	2010	17.45	72.64	16	235.79	185.53	67.39	4282
600116	2010	8.49	55.74	13	23.53	14.37	7.35	2033
600642	2010	8.31	34.32	17	358.89	178.23	190.67	1810
000037	2010	(6.40)	63.39	16	52.79	23.66	16.02	347
000027	2010	10.47	43.53	17	290.70	161.63	124.65	127
000531	2010	13.31	61.81	16	63.42	36.82	30.15	760
600780	2010	1.86	30.41	14	24.19	19.97	21.19	1464
000543	2010	5.35	58.09	17	127.01	93.00	37.84	3784
000720	2010	(0.97)	81.30	14	56.25	44.39	27.56	485
001896	2010	5.21	88.00	13	67.95	42.21	42.38	679
000539	2010	7.88	62.18	17	345.96	223.39	126.42	1894
000767	2010	(39.78)	87.29	13	121.61	89.09	42.48	2696
600674	2011	5.96	51.78	18	134.94	45.58	11.51	695
600719	2011	(6.36)	52.12	15	14.62	8.80	6.65	766
000899	2011	(20.78)	82.35	14	66.84	44.91	25.90	468
600098	2011	4.19	42.09	14	205.88	101.74	108.18	1818
600886	2011	2.56	82.01	15	1209.11	1043.46	217.04	7052
600864	2011	12.76	41.36	17	42.26	11.05	9.49	2771
600744	2011	(11.88)	89.43	15	150.98	96.29	98.37	5213
600101	2011	15.85	37.71	14	24.83	17.41	8.08	2507

续表

股票代码	年份	净资产收益率（%）	资产负债率（%）	上市年龄（年）	营业收入（亿元）	固定资产（亿元）	资产总计（亿元）	员工总数（人）
600863	2011	14.89	71.87	17	258.40	200.60	72.33	4986
600116	2011	6.62	62.90	14	28.91	18.58	8.27	2007
600642	2011	7.82	30.32	18	352.53	185.77	228.37	1929
000037	2011	1.00	65.38	17	54.53	22.74	24.16	327
000027	2011	7.95	46.30	18	315.09	164.11	143.87	3545
000531	2011	4.61	65.80	17	64.94	35.40	33.35	1062
600780	2011	15.17	51.50	15	66.80	47.66	54.53	5660
000543	2011	0.52	66.75	18	147.70	110.83	51.50	3754
000720	2011	(22.08)	85.09	15	57.34	44.03	28.15	454
001896	2011	2.77	86.79	14	60.66	39.79	44.11	678
000539	2011	3.50	66.44	18	394.80	250.54	146.20	1896
000767	2011	(69.81)	93.69	14	121.28	88.98	41.03	2634
600674	2012	5.58	43.77	19	157.03	43.29	11.37	902
600719	2012	0.40	52.01	16	14.65	8.53	6.70	753
000899	2012	13.26	78.57	15	61.82	42.98	25.70	491
600098	2012	7.95	51.31	15	326.92	175.52	151.64	4373
600886	2012	8.87	82.54	16	1458.96	1272.33	238.67	7581
600864	2012	11.08	46.26	18	51.82	15.86	9.75	3198
600744	2012	7.11	88.02	16	163.03	104.63	81.03	4909
600101	2012	7.18	35.97	15	25.51	17.69	9.08	2386
600863	2012	17.55	64.00	18	360.82	257.57	110.61	5850
600116	2012	7.90	64.56	15	31.61	21.96	9.45	2009
600642	2012	8.18	32.16	19	376.15	189.00	241.18	1882
000037	2012	(12.38)	68.88	18	55.36	20.87	12.65	321
000027	2012	6.50	45.77	19	323.59	155.91	128.28	3402
000531	2012	13.74	68.75	18	78.96	33.76	31.44	1058
600780	2012	10.95	51.52	16	74.02	55.25	60.59	5362
000543	2012	7.44	67.02	19	172.38	128.33	76.45	3463
000720	2012	4.69	84.38	16	56.45	42.12	30.46	1233
001896	2012	7.18	83.23	15	50.79	37.16	38.02	678
000539	2012	12.84	66.56	19	657.09	460.55	294.89	1411
000767	2012	8.13	93.46	15	123.08	87.62	49.38	2594
600674	2013	14.39	37.03	20	172.19	40.37	11.48	928
600719	2013	0.59	49.40	17	13.95	8.32	6.75	831
000899	2013	28.62	71.11	16	61.37	42.39	26.49	504
600098	2013	7.85	50.36	16	337.32	177.63	166.28	4628

股票代码	年份	净资产收益率（%）	资产负债率（%）	上市年龄（年）	营业收入（亿元）	固定资产（亿元）	资产总计（亿元）	员工总数（人）
600886	2013	21.50	78.86	17	1595.59	1429.91	283.39	7732
600864	2013	11.57	40.15	19	52.47	16.99	11.27	3258
600744	2013	0.74	88.12	17	165.50	108.50	74.56	4799
600101	2013	9.92	31.07	16	25.65	17.43	10.81	2056
600863	2013	13.16	61.07	19	356.05	253.57	121.53	6007
600116	2013	9.52	66.51	16	35.23	24.62	13.69	1932
600642	2013	12.08	33.46	20	414.08	200.51	257.45	1915
000037	2013	3.37	66.92	19	54.40	19.41	11.10	314
000027	2013	9.23	43.58	20	333.94	156.06	123.51	3467
000531	2013	14.45	67.67	19	83.88	32.33	32.81	1058
600780	2013	10.38	51.77	17	80.94	60.88	64.14	5323
000543	2013	20.42	54.30	20	218.30	149.01	125.68	3772
000720	2013	4.41	82.51	17	55.30	40.38	29.02	1203
001896	2013	37.86	74.48	16	46.86	35.71	35.06	680
000539	2013	17.48	62.32	20	679.19	454.12	308.31	6619
000767	2013	16.76	82.60	16	304.79	203.07	91.51	7205
600674	2014	27.24	28.30	21	214.83	39.12	11.03	910
600719	2014	1.36	44.73	18	12.93	8.26	6.94	857
000899	2014	20.05	64.48	17	59.51	40.31	26.69	508
600098	2014	8.97	48.57	17	337.79	176.64	194.46	4643
600886	2014	26.92	75.25	18	1726.17	1506.17	329.57	7415
600864	2014	7.58	36.44	20	75.23	18.34	11.91	2810
600744	2014	(12.81)	90.85	18	153.91	89.31	62.10	4781
600101	2014	5.48	31.72	17	26.92	19.22	12.45	2012
600863	2014	12.68	63.06	20	387.73	283.30	136.34	8117
600116	2014	12.50	66.50	17	36.07	26.31	12.98	1912
600642	2014	9.29	29.60	21	424.79	217.26	254.07	1974
000037	2014	(23.02)	72.74	20	50.56	18.73	12.34	302
000027	2014	11.96	47.05	21	384.41	160.79	125.06	3722
000531	2014	22.81	53.59	20	74.93	31.59	43.94	1147
600780	2014	13.79	47.16	18	83.42	64.53	64.03	5526
000543	2014	11.96	45.55	21	229.82	141.04	128.66	3665
000720	2014	9.68	79.48	18	54.85	39.14	31.46	1125
001896	2014	17.49	69.40	17	121.41	82.31	33.56	1189
000539	2014	14.88	59.78	21	690.85	455.22	290.47	6691
000767	2014	11.20	79.90	17	303.02	207.63	109.23	8232

续表

股票代码	年份	净资产收益率（％）	资产负债率（％）	上市年龄（年）	营业收入（亿元）	固定资产（亿元）	资产总计（亿元）	员工总数（人）
600674	2015	23.30	23.30	22	242.15	37.31	11.17	894
600719	2015	1.49	51.01	19	14.66	8.81	6.84	863
000899	2015	24.30	56.08	18	59.74	39.19	25.53	509
600098	2015	9.09	47.26	18	348.61	172.10	211.17	5048
600886	2015	21.84	72.00	19	1835.45	1635.10	312.80	7909
600864	2015	2.54	35.74	21	62.32	18.44	11.67	2747
600744	2015	14.57	80.34	19	198.20	132.09	74.06	7427
600101	2015	4.79	31.13	18	27.83	20.32	12.68	1977
600863	2015	6.69	64.13	21	382.15	286.43	108.29	7855
600116	2015	12.19	47.55	18	43.37	28.20	13.16	1868
600642	2015	9.05	40.12	22	515.63	277.49	286.49	2303
000037	2015	(66.57)	88.01	21	45.80	16.76	13.45	597
000027	2015	9.08	57.17	22	580.67	243.27	111.30	4805
000531	2015	13.38	52.85	21	83.72	31.70	22.26	1245
600780	2015	8.29	47.12	19	87.68	63.06	56.73	5627
000543	2015	12.87	42.49	22	227.79	143.44	112.98	3571
000720	2015	8.95	76.55	19	53.83	38.27	32.93	983
001896	2015	15.54	66.34	18	131.35	107.32	36.56	1718
000539	2015	14.37	57.98	22	719.20	499.49	257.24	6943
000767	2015	7.51	77.57	18	331.96	235.15	90.97	8736
600674	2016	18.16	22.05	23	268.21	34.84	10.01	880
600719	2016	1.88	56.27	20	16.65	9.63	7.07	864
000899	2016	10.23	36.99	19	75.68	40.97	21.77	634
600098	2016	4.51	47.75	19	353.17	166.53	220.25	5187
600886	2016	14.17	72.10	20	2032.91	1772.86	292.71	9028
600864	2016	3.93	53.48	22	295.53	23.62	23.82	3960
600744	2016	4.64	78.88	20	192.88	129.88	64.05	6575
600101	2016	4.31	29.55	19	28.19	20.47	13.84	1956
600863	2016	3.24	65.97	22	396.83	296.58	91.86	7647
600116	2016	9.85	46.93	19	46.52	32.32	12.58	1828
600642	2016	10.01	38.78	23	536.75	284.82	277.59	2378
000037	2016	101.34	53.62	22	43.64	15.53	15.74	562
000027	2016	6.22	59.21	23	608.62	292.70	113.18	5333
000531	2016	15.25	53.37	22	91.86	32.93	26.35	1203
600780	2016	2.20	61.14	20	120.70	70.81	48.85	5311
000543	2016	8.83	45.07	23	270.86	154.44	106.33	3562

续表

股票代码	年份	净资产收益率（%）	资产负债率（%）	上市年龄（年）	营业收入（亿元）	固定资产（亿元）	资产总计（亿元）	员工总数（人）
000720	2016	(7.33)	77.56	20	53.55	37.22	24.86	630
001896	2016	11.19	65.88	19	144.32	107.86	59.15	1251
000539	2016	3.97	58.49	23	706.77	481.64	226.81	6608
000767	2016	1.17	76.79	19	453.96	265.04	82.58	8788
600674	2017	15.18	21.09	24	290.26	32.92	8.00	844
600719	2017	0.46	53.90	21	15.77	10.73	7.82	839
000899	2017	0.36	38.95	20	73.19	38.97	21.26	646
600098	2017	4.39	50.06	20	385.49	164.24	247.98	5260
600886	2017	10.91	70.85	21	2082.88	1805.26	316.45	9323
600864	2017	2.65	70.36	23	460.49	24.67	25.61	4224
600744	2017	(32.46)	84.76	21	188.55	122.59	73.38	6311
600101	2017	4.84	30.59	20	30.10	20.27	15.13	1897
600863	2017	4.94	68.07	23	430.94	320.55	117.83	7614
600116	2017	13.22	45.31	20	49.62	35.32	12.18	1802
600642	2017	6.84	38.14	24	540.47	292.85	324.04	2506
000037	2017	0.82	29.80	23	28.84	14.72	20.46	519
000027	2017	3.49	67.99	24	772.31	384.82	155.46	5845
000531	2017	4.71	54.18	23	91.99	31.31	29.65	1227
600780	2017	1.72	60.08	21	120.20	78.55	50.97	5118
000543	2017	1.25	48.08	24	265.48	160.20	122.07	3480
000720	2017	(55.13)	84.24	21	90.33	32.92	27.45	2327
001896	2017	1.00	64.89	20	208.96	142.24	87.60	1826
000539	2017	3.16	58.17	24	710.07	495.14	266.44	6957
000767	2017	(19.40)	83.44	20	484.08	319.29	95.20	8729
600674	2018	15.09	21.12	25	320.44	30.97	8.64	589
600719	2018	0.37	64.72	22	20.65	13.37	7.31	807
000899	2018	4.13	38.56	21	75.80	36.54	25.68	616
600098	2018	4.34	49.20	21	384.62	164.38	261.65	5247
600886	2018	12.79	68.20	22	2207.08	1851.04	410.11	9474
600864	2018	(1.09)	67.28	24	389.09	24.08	27.59	4280
600744	2018	1.95	83.59	22	176.46	117.87	95.90	5944
600101	2018	4.72	29.26	21	31.61	20.59	16.00	1823
600863	2018	6.62	61.71	24	429.65	313.11	137.43	7366
600116	2018	7.63	45.81	21	51.49	38.36	12.98	1839
600642	2018	7.10	42.54	25	596.62	323.57	362.21	2555
000037	2018	0.98	38.41	24	33.07	14.88	18.85	520

续表

股票代码	年份	净资产收益率（%）	资产负债率（%）	上市年龄（年）	营业收入（亿元）	固定资产（亿元）	资产总计（亿元）	员工总数（人）
000027	2018	3.04	67.69	25	850.74	413.93	185.27	6649
000531	2018	2.09	58.85	24	103.04	31.29	31.19	1231
600780	2018	4.52	57.59	22	119.75	85.79	60.27	5159
000543	2018	5.58	50.19	25	289.00	178.19	134.16	3539
000720	2018	65.15	56.70	22	52.33	0.74	26.03	851
001896	2018	(10.96)	69.66	21	213.11	144.60	80.82	2956
000539	2018	1.98	57.02	25	733.30	488.98	274.09	6735
000767	2018	4.32	84.00	21	503.89	331.05	112.30	8457

注：括号内数字为负值。

后 记

本书之所以能够顺利完稿，初稿在于博士期间自身的努力和导师、同学、朋友的帮助，修改完善在于工作后学校、领导、同事、家人的支持和帮助。因此，这篇后记分为两部分：前半部分保留了博士论文致谢的原文，后半部分添加了工作后要感谢的人。

人生天地间，若白驹过隙。三年时光一晃而过，现在还能想起初到辽宁大学读博时的场景。刚来时，对这个学校、对自己的未来都是一种茫然，不知道未来将要发生什么，为毕业、为生活的不确定而紧张。这篇致谢一方面想表达我对辽宁大学，对导师、朋友、同学和亲人的感谢；另一方面也想借此回忆过往的生活，给自己的求学生涯做一个总结。

回顾我在辽宁大学求学的三年，感悟和收获颇多。这三年是我学识和研究水平、思想和生活境界提高的三年。在攻读博士学位期间，我非常荣幸能够成为黄继忠教授的学生。初见黄老师，我就感到他是一个睿智、和蔼、人格高尚的老师，在以后的课题和论文交流中，发现黄老师知识广博、治学严谨、经济学功底深厚，总是能够从深层次发现问题，而这种视角不管是对我的论文还是课题中问题的解决都是极有效的。同时，黄老师把我领进规制经济学和产业结构的研究领域，使我未来的研究领域有了一个明确的方向。从黄老师身上我学到了很多科学的研究方法，尤其是综述比较分析方法，这种方法改变了我思考问题的视角。此外，黄老师那种对文字每字必校的精神也值得我学习。三年时间是短暂的，还有很多东西未从黄老师身上学到，我将继续学习，争取做一个像黄老师一样的人。黄老师对我的启迪使我受益良多，在此深深感谢黄老师三年来对我无私的帮助和指导。

在我论文的开题、写作和答辩过程中，有幸得到唐晓华、王伟光两位教授的无私帮助和指导，他们为我论文的写作提了很多有价值的建议。这些建议纠正了我论文的研究结构和方向上的错误，使我的博士论文更加完善，两位老师对我的启迪在后来的学习生活中也使我受益匪浅。在此，我对二位老师的无私帮助表示深深的谢意。此外，辽宁大学的聂荣、郭燕青、刘艳春三位教授也提出了宝贵意见，在此表示深深的谢意。

回顾我的求学生涯，从山东到新疆又到辽宁，这一路走来很是辛苦，能够坚持下来，一方面是自己坚持不懈，另一方面是有朋友、同学和亲人的陪伴和支持。吕晓博士和我是老乡也是研究生同学，我们的家庭背景和命运有诸多相似之处，因此在博士期间相互鼓励和学习，助我度过很多迷惑期。

儿行千里母担忧。我最想感谢的是我的父母，是你们养育了我并含辛茹苦供我念书，你们的养育之恩和关爱之心是我这辈子报答不完的，以后我会尽最大能力孝敬你们。还要感谢我的姐姐和弟弟，是你们在我不在家的日子，替我照顾了家和父母，同时给予了我生活上的帮助。

本书的出版还要感谢聊城大学学术著作出版基金的资助和商学院领导、同事的支持。同时，感谢聊城发展研究院给了我一个观察经济社会的平台，弥补了我缺乏社会经验与经济管理实践的重要一课。本书是修改整理将近两年而成，期间我爱人不仅要忍受怀孕的痛苦，还要带着两岁的儿子，很是辛苦，在这里感谢爱人的支持，同时感谢亲人和朋友们，在我出国进修期间，帮我照顾家人和孩子。

最后，感谢所有帮助我的人，是你们的帮助和关心，使我走过了求学生涯和工作的八年，有你们的陪伴，才有我的今天。祝我关心的人和关心我的人未来生活幸福、健康！

梁树广

2020 年 3 月